外研社·HSK课堂系列
HSK Class Series

Level 4
Listening
& Writing

HSK

专 项 突 破

4级 听力 书写

◎ 薄彤　纪晓静　张丽/编著

外语教学与研究出版社
北 京

图书在版编目（CIP）数据

HSK 专项突破 4 级听力·书写 ／ 薄彤，纪晓静，张丽编著． —— 北京 ：外语教学与研究出版社，2016.4（2019.6 重印）
外研社·HSK 课堂系列
ISBN 978-7-5135-7414-3

Ⅰ. ① H… Ⅱ. ①薄… ②纪… ③张… Ⅲ. ①汉语－对外汉语教学－水平考试－自学参考资料 Ⅳ. ①H195.4

中国版本图书馆 CIP 数据核字（2016）第 095924 号

出 版 人　蔡剑峰
责任编辑　李彩霞
执行编辑　向凤菲
封面设计　姚　军
出版发行　外语教学与研究出版社
社　　址　北京市西三环北路 19 号（100089）
网　　址　http://www.fltrp.com
印　　刷　北京虎彩文化传播有限公司
开　　本　787×1092　1/16
印　　张　18.5
版　　次　2016 年 5 月第 1 版 2019 年 6 月第 2 次印刷
书　　号　ISBN 978-7-5135-7414-3
定　　价　69.00 元（含 MP3 光盘一张）

购书咨询：（010）88819926　电子邮箱：club@fltrp.com
外研书店：https://waiyants.tmall.com
凡印刷、装订质量问题，请联系我社印制部
联系电话：（010）61207896　电子邮箱：zhijian@fltrp.com
凡侵权、盗版书籍线索，请联系我社法律事务部
举报电话：（010）88817519　电子邮箱：banquan@fltrp.com
物料号：274140001

　　"外研社·HSK课堂系列"是根据孔子学院总部/国家汉办2015版《HSK考试大纲》编写的一套训练学生听、说、读、写各方面技能的综合性考试教材。

　　2009年，国家汉办推出新汉语水平考试（简称新HSK），在吸收原有HSK优点的基础上，借鉴国际语言测试研究的最新成果，提出"考教结合"的原则，为汉语学习者提供了新的汉语水平测试和学习平台。为帮助考生熟悉新HSK考试，有效掌握应试策略和备考方法，并真正提高汉语能力，外语教学与研究出版社推出了"外研社·新HSK课堂系列"，含综合教程、专项突破、词汇突破、全真模拟试卷等多个子系列产品。该系列自推出后受到广大读者的广泛好评，销量居同类图书前列，不少品种均多次重印。

　　2015年，孔子学院总部/国家汉办对2009版大纲进行修订，根据主题式教学和任务型教学的理论及方法，增加了话题大纲、任务大纲，改进了语言点大纲，并细化了词汇大纲。针对2015版大纲的最新变化，并结合广大教师及考生对"外研社·新HSK课堂系列"提出的宝贵意见和建议，外研社组织具有丰富HSK教学及研究经验的专家、教师编写了这套全新的"外研社·HSK课堂系列"。

　　"外研社·HSK课堂系列"旨在帮助考生掌握HSK的考试特点、应试策略和应试技巧，培养考生在真实考试情境下的应对能力，进而真正提高考生的汉语语言能力。全套丛书既适用于课堂教学，又适用于自学备考，尤其适用于考前冲刺。

1

本系列包含如下产品：

● "21天征服HSK教程"系列

● "HSK专项突破"系列

● "HSK词汇"系列（含词汇突破、词汇宝典）

● "HSK通关：攻略·模拟·解析"系列

● "HSK全真模拟试题集"系列

本系列具有如下主要特点：

全新的HSK训练材料

● 详细介绍HSK考试，全面收录考试题型，提供科学系统的应试方案和解题技巧。

● 根据最新HSK大纲，提供大量典型例题、专项强化训练和模拟试题。

● 对HSK全部考点进行详细讲解和答题技巧分析，帮助考生轻松获得高分。

● 所有练习均为模拟训练模式，让考生身临其境，提前备战。

全面、翔实的备考指导

● 再现真实课堂情境，帮助考生计划时间，针对考试中出现的重点和难点提供详细指导，逐步消除考生的紧张心理。

● 将汉语技能融合到考点中讲授，全面锻炼考生的汉语思维，有效提高考生在HSK考试中的应试能力。

● 提供多套完整的模拟试题和答案解析，供考生在学习完之后，根据自身情况进行定时和非定时测验。

● 试题训练和实境测试紧密结合，图书与录音光盘形成互动。所有听力试题在光盘中均有相应内容，提供的测试时间与真实考试完全一致，考生能及时了解自身水平。

我们衷心希望外研社的这套"HSK课堂系列"能够为考生铺就一条HSK考试与学习的成功之路，同时为教师解除教学疑惑，共同迎接美好的未来。

编写说明

汉语水平考试（HSK）是一项国际标准化考试，HSK 笔试共分六级，其中 HSK（四级）考试有着特殊的重要地位。作为初中级汉语水平的衡量标准，HSK（四级）合格证书既是衡量外国人汉语水平的一个有效尺度，也是外国留学生进入中国高等院校本科专业学习需具备的一个重要条件。

为了帮助考生顺利通过 HSK（四级）考试，我们根据孔子学院总部／国家汉办最新发布的指导性文件《HSK 考试大纲（四级）》(2015) 规定的标准，编写出版了 HSK 专项突破四级系列辅导书的"听力·书写"分册。我们认真研究了 HSK（四级）听力部分和书写部分的特点，并结合多年教学经验，设计题目，分析解题思路，使模拟题的各项指标都接近 HSK（四级）考试的真实水平，同时也使分析和讲解能充分体现 HSK（四级）考试大纲的原则。

《HSK 专项突破 4 级听力·书写》由"听力"和"书写"两个独立部分组成。听力部分的编者是天津中医药大学的薄彤、张丽两位老师，书写部分的编者是复旦大学的纪晓静老师。听力和书写的开始部分均各有一套自测题，然后是题型、考点分析，并配有相应的练习，最后是四套完整的听力或书写考试的模拟题，练习和模拟题都配有答案详解。

本书的主要特点：

1. 依据最新发布的考试标准。参照 2015 年新版的 HSK（四级）考试大纲及词汇表编写。

2. 设计典型试题。严格遵循HSK（四级）新大纲，明确其命题思路，保证试题在题型、题量和难易度等方面与汉语水平考试真题一致。

3. 总结实战性强的答题攻略。详细分析了汉语水平考试真题所体现的考试重点和难点，对各部分题型和考点进行了详细分析，在此基础上总结出针对性很强的答题攻略。

4. 试题材料的选择科学合理。试题着眼于多角度综合测评考生的汉语运用能力，选材丰富多样，用词涵盖考试大纲最新词表。

5. 分项突破便于考生综合测评自身水平，有针对性地进行考前训练。

怎样使用本书：

本书的听力部分和书写部分在详细讲解攻略前都有自测题，考生可以先自测，然后根据自身情况进行有针对性的训练。练习和模拟题后的录音文本和试题答案详解，方便考生明确做错题的原因，进一步复习知识点，高效率地提高考试成绩。

编者

2016 年 2 月

目　录

HSK（四级）·书写

HSK 及 HSK（四级）简介

一、HSK 简介

为使汉语水平考试（HSK）更好地服务于汉语学习者，中国国家汉办组织中外汉语教学、语言学、心理学和教育测量学等领域的专家，在充分调查、了解海外汉语教学实际情况的基础上，吸收原有 HSK 的优点，借鉴国际语言测试研究最新成果，于 2009 年推出新汉语水平考试并出版了《新汉语水平考试大纲》。2015 年，国家汉办对 2009 版大纲进行了修订，下面根据 2015 版最新大纲对 HSK 及 HSK（四级）进行简单介绍。

1. 基本情况

HSK 是一项国际标准化考试，重点考查汉语非母语的考生在生活、学习和工作中运用汉语进行交际的能力。

考试等级包括 HSK（一级）、HSK（二级）、HSK（三级）、HSK（四级）、HSK（五级）和 HSK（六级）。HSK 各等级与《国际汉语能力标准》《欧洲语言共同参考框架（CEFR）》的对应关系如下表所示：

HSK	词汇量	《国际汉语能力标准》	《欧洲语言共同参考框架（CEFR）》
HSK（六级）	5000 及以上	五级	C2
HSK（五级）	2500		C1
HSK（四级）	1200	四级	B2
HSK（三级）	600	三级	B1
HSK（二级）	300	二级	A2
HSK（一级）	150	一级	A1

2. 能力描述

通过 HSK（一级）的考生能理解并使用一些非常简单的汉语词语和句子，具备进一步学习汉语的能力。

通过 HSK（二级）的考生能用汉语就生活中一些常见的话题进行简单而直接的交流。

通过 HSK（三级）的考生能用汉语完成生活、学习、工作等方面的基本交际任务。

通过 HSK（四级）的考生能用汉语就比较复杂的话题进行交流，表达较为规范、得体。

通过 HSK（五级）的考生能用汉语就比较抽象或专业的话题进行讨论、评价和发表看法，能较轻松地应对各种交际任务。

通过 HSK（六级）的考生能用汉语自如地进行各种社会交际活动，汉语应用水平接近汉语为母语者。

3. 考试用途

HSK 成绩可以满足多元需求，为下列用途提供参考依据。

（1）院校招生、分班授课、课程免修、学分授予；

（2）用人机构录用、培训、晋升工作人员；

（3）汉语学习者了解、提高自己的汉语应用能力；

（4）相关汉语教学单位、培训机构评价教学或培训成效。

另外，HSK 考试成绩还是申请"孔子学院奖学金"和来华参加"汉语夏令营"的必备条件。

4. 成绩公布

考试结束一个月后，考生可登录汉语考试服务网 www.chinesetest.cn 查询成绩。HSK 成绩报告由国家汉办颁发，成绩自考试日起两年内有效。

二、HSK（四级）简介

HSK（四级）考查考生的汉语应用能力，涉及教育、文化和经济等10

大话题，涵盖出行准备、存款取款、谈论健康等 11 个语言任务。它对应于《国际汉语能力标准》四级、《欧洲语言共同参考框架（CEFR）》B2 级。通过 HSK（四级）的考生能用汉语就比较复杂的话题进行交流，表达较为规范、得体。

1. 考试对象

HSK（四级）主要面向按每周 2 ~ 3 课时进度学习汉语四个学期（两学年），掌握相关话题、任务、语言点及 1200 个常用词语的考生。

2. 考试内容

HSK（四级）共 100 题，分听力、阅读、书写三部分。全部考试时间约为 105 分钟（含考生填写个人信息的 5 分钟）。

考试内容		试题数量（个）		考试时间（分钟）
一、听力	第一部分	10	45	约 30
	第二部分	15		
	第三部分	20		
填写答题卡（将听力部分的答案填涂在答题卡上）				5
二、阅读	第一部分	10	40	40
	第二部分	10		
	第三部分	20		
三、书写	第一部分	10	15	25
	第二部分	5		
共计	/	100		约 100

（1）听力

第一部分共 10 题。每题听一次。每题会听到一小段话和一个句子，考生要判断句子内容与一小段话的内容是否一致。

第二部分共 15 题。每题听一次。每题会听到一个对话和一个问题，试卷上有四个选项，考生根据听到的内容选出答案。

第三部分共 20 题。每题听一次。这部分试题是四到五句对话和一个问题或者一小段话和两个问题，试卷上每题有四个选项，考生根据听到的内容选出答案。

（2）阅读

第一部分共 10 题。每题有一个句子或一个对话，句子或对话中有一处空白，考生要从提供的选项中选词填空。

第二部分共 10 题。每题有三个句子，考生要把这三个句子按顺序排列起来。

第三部分共 20 题。这部分试题都是一小段文字，每段文字有一到两个问题，考生要从四个选项中选出答案。

（3）书写

第一部分共 10 题。要求将所给的词语或短语重新排序组成一句完整的话。建议答题时间为 15 分钟，考生应把每题平均答题时间控制在 1.5 分钟以内，最后争取留 1 至 2 分钟做一遍综合检查。

第二部分共 5 题。每题提供一张图片和一个词语，要求考生结合图片用这个词语写一个句子，其实就是看图造句。建议答题时间为 10 分钟，平均每题答题时间为 2 分钟，其中 0.5 分钟观察思考，1.5 分钟书写。

3. 成绩报告

HSK（四级）成绩报告提供听力、阅读、书写和总分四个分数。满分 300 分，总分 180 分为合格。同时，报告还提供百分等级常模表，考生可以大体了解自己的成绩在全球考生中的位置。

	满分	你的分数
听力	100	
阅读	100	
书写	100	
总分	300	

HSK（四级）· 听力

　　HSK（四级）听力共分为三部分。第一部分要求考生根据听到的一段话（1～2句），判断试卷上相应句子的对错。第二部分是短对话，即听一男一女的对话（两句），对话后提出问题，考生根据所听内容从A、B、C、D四个选项中选出正确答案。第三部分一共20题，其中10道长对话题（4～5句），对话后提出问题，考生根据所听内容从A、B、C、D四个选项中选出正确答案；再听5篇小短文，每篇短文后有两个问题，考生根据所听内容选择正确答案。

　　在开始听力部分的训练之前，我们先来检测一下自己的听力水平吧，这样就可以有针对性地进行复习了。

第一单元
听力自测

听力自测题

第一部分

第1—10题：判断对错。

例如：我想去办个信用卡，今天下午你有时间吗？陪我去一趟银行？

    ★ 他打算下午去银行。   (✓)

现在我很少看电视，其中一个原因是，广告太多了，不管什么时间，也不管什么节目，只要你打开电视，总能看到那么多的广告，浪费我的时间。

    ★ 他喜欢看电视广告。   (✗)

1. ★ 他今天换钱了。   ( )

2. ★ 说话人和小华以前是同学。   ( )

3. ★ 说话人觉得租房子不好。   ( )

4. ★ 他大概二十多岁。   ( )

5. ★ 很多孩子的课余活动对身体不好。   ( )

6. ★ 中国人很讨厌红色。   ( )

7. ★ 现在超市的塑料袋要付钱。   ( )

8. ★ 今天天气很暖和。   ( )

9. ★ 对于放假加班他很烦恼。   （   ）

10. ★ 西红柿炒鸡蛋的做法很复杂。   （   ）

第二部分

第 11—25 题：请选出正确答案。

例如：女：该加油了，去机场的路上有加油站吗？

男：有，你放心吧。

问：男的主要是什么意思？

A 去机场   B 快到了   C 油是满的   D 有加油站 ✓

11.   A 去吃饺子   B 去吃面条   C 回家吃   D 在公司吃

12.   A 修理电脑   B 看电子邮件   C 发电子邮件   D 看电脑

13.   A 饭馆   B 商店   C 超市   D 家里

14.   A 男的和女的一起想   B 女的"十一"放假很忙

C 女的觉得"十一"放假很自然 D 男的和女的想法一样

15.   A 不便宜   B 不好看   C 质量差   D 应该买

16.   A 上课   B 面试   C 约会   D 洗衣服

17.   A 老师   B 顾客   C 经理   D 医生

18.   A 没有钱包   B 丢了书包   C 做事不仔细   D 在车里

19.　　A 做早饭　　　B 洗澡　　　C 陪小狗散步　　D 给小狗准备食物

20.　　A 那种药效果很好　　　　　B 不能提那种药
　　　 C 那种药效果不好　　　　　D 他的病太重了

21.　　A 小张　　　B 王东　　　C 李红　　　D 女的自己

22.　　A 读博士　　　B 公司招聘　　　C 找工作　　　D 找男朋友

23.　　A 总睡觉　　　B 很积极　　　C 很努力　　　D 不认真

24　　A 汽车里　　　B 家里　　　C 老王家　　　D 球场

25.　　A 周围环境不好　　　　　　B 交通方便
　　　 C 价钱便宜　　　　　　　　D 面积很大

第三部分

第 26—45 题：请选出正确答案。

例如：男：把这个文件复印五份，一会儿拿到会议室发给大家。

　　　女：好的。会议是下午3点吗？

　　　男：改了。三点半，推迟了半个小时。

　　　女：好，602 会议室没变吧？

　　　男：对，没变。

问：会议几点开始？

A 两点　　　B 3 点　　　C 3：30 ✓　　　D 6 点

26. A 商场   B 超市   C 网上   D 商店

27. A 骑自行车   B 保护环境   C 开车   D 锻炼身体

28. A 电子词典   B 游戏机   C 电脑   D 表扬

29. A 6：35   B 6：40   C 6：05   D 6：50

30. A 2500   B 1500   C 5000   D 1250

31. A 给学生打电话   B 跟学生见面
    C 在家待着   D 跟朋友联系

32. A 一年期的   B 半年期的   C 次数卡   D 还没决定

33. A 开心   B 着急   C 激动   D 骄傲

34. A 老师和学生 B 导游和游客 C 经理和职员 D 服务员和顾客

35. A 睡觉睡得很晚   B 起床起得很早
    C 学习很努力   D 在校园里学习

36. A 道路狭窄   B 闯红灯   C 自行车太多 D 堵车

37. A 自行车   B 火车   C 地铁   D 公共汽车

38. A 两个   B 三个   C 四个   D 一个

39. A 春季   B 夏季   C 秋季   D 冬季

40.　　A 唱卡拉OK　　B 钓鱼　　　　C 学画画儿　　　D 爬山

41.　　A 吃饭　　　　B 唱京剧　　　C 学画画儿　　　D 爬山

42.　　A 减少饮食　　B 体育锻炼　　C 药物减肥　　　D 中医减肥

43.　　A 饮食丰富　　　　　　　　　B 缺少锻炼
　　　　C 不吃饭，只吃水果　　　　　D 不清楚

44.　　A 周三的时候他有时间　　　　B 周三有他感兴趣的电影
　　　　C 周三电影票便宜　　　　　　D 只有周三电影院才开门

45.　　A 吃饭　　　　B 认识新朋友　C 买DVD　　　D 上网

听力自测题录音文本

（音乐，30秒，渐弱）

大家好！欢迎参加 HSK（四级）考试。

大家好！欢迎参加 HSK（四级）考试。

大家好！欢迎参加 HSK（四级）考试。

HSK（四级）听力考试分三部分，共45题。

请大家注意，听力考试现在开始。

第一部分

一共10个题，每题听一次。

例如：我想去办个信用卡，今天下午你有时间吗？陪我去一趟银行？

★ **他打算下午去银行。**

现在我很少看电视，其中一个原因是，广告太多了，不管什么时间，也不管什么节目，只要你打开电视，总能看到那么多的广告，浪费我的时间。

★ **他喜欢看电视广告。**

现在开始第1题：

1. 今天去银行换钱，到了那儿才发现忘了带护照，回家拿了护照又去了一趟，可是到的时候银行已经下班了。

★ **他今天换钱了。**

2. 小华，祝贺你顺利考上大学。几年没见，我非常想念同学们，也想念咱们的老师。今年暑假我打算回国去看看大家。

★ **说话人和小华以前是同学。**

3. 现在很多年轻人结婚时先租房子，赚了钱以后再买房子。这样不但减轻了经济压力，还有了努力的目标。

★ **说话人觉得租房子不好。**

4. 早睡早起是好习惯。我爷爷已经坚持了七十多年了。他也想让我这样，可是我这二十多年里差不多都在睡懒觉。

★ **他大概二十多岁。**

5. 现在很多孩子一有时间不是看电视就是玩儿电脑，也不参加体育锻炼。身体怎么会好呢？

★ **很多孩子的课余活动对身体不好。**

6. 中国人认为红色代表幸福，所以到了中国最重要的节日——春节，到处都能看到红色的东西。

★ **中国人很讨厌红色。**

7. 自2008年起，各大超市不再免费提供塑料袋。这一规定大大减少了塑料袋的使用，从而保护了环境。

★ **现在超市的塑料袋要付钱。**

8. 今天的气温有点儿低，不过你们一会儿要去踢足球，就不用穿得那么厚了，运动起来就会很热的。

★ **今天天气很暖和。**

9. 说好了放假和女朋友一起去公园玩儿的，可是经理又安排我加班，真是件麻烦事啊！

★ **对于放假加班他很烦恼。**

10. 西红柿炒鸡蛋非常好吃，而且做法也很简单，一学就会，我就是昨天看电视学会的。

★ 西红柿炒鸡蛋的做法很复杂。

第二部分

一共 15 个题，每题听一次。

例如：女：该加油了，去机场的路上有加油站吗？

男：有，你放心吧。

问：男的主要是什么意思？

现在开始第 11 题：

11. 男：下班了，肚子也饿了，咱们去吃饺子吧？

女：吃饺子还不如回家吃呢。对了，公司后边新开了一个饭馆，面条不错，走吧。

问：**女的是什么意思？**

12. 女：我的电脑出问题了，你能帮我看看吗？

男：稍微等一下，我发完这封电子邮件就给你看。

问：**男的在做什么？**

13. 男：小姐，我们已经等半天了，能不能快点儿？

女：对不起，快做好了，马上就给您上菜。

问：**对话发生在哪儿？**

14. 女：忙了这么长时间，"十一"放假出去感受一下大自然，怎么样？

男：咱们想到一块儿去了。

问：**下面哪句话是正确的？**

15. 男：刚才那件衣服多好啊！
    女：太便宜了，质量应该不太好。
    问：**女的觉得那件衣服怎么样？**

16. 女：穿得这么帅，是不是要去约会啊？
    男：哪儿啊，衣服都洗了，只能穿这件面试的衣服去上课了。
    问：**男的要去做什么？**

17. 男：小张，把明天跟记者见面的时间安排一下。
    女：好的，经理，您明天下午三点以前开会，三点以后应该可以。
    问：**男的是什么人？**

18. 女：你看到我的钱包了吗？怎么又找不到了！
    男：你啊！总是粗心大意的，是不是放在书包里了？还是又忘在车里了？
    问：**女的怎么样？**

19. 男：你就不能早点儿来啊？
    女：我每天早上都很忙。起床以后先洗澡，然后做早饭，还要陪我的小狗出去散步，最后还要把它一天的食物准备好才能出门。
    问：**女的快出门时要做什么？**

20. 女：你吃的那种药效果怎么样？
    男：别提了！不吃倒好，吃了病更重了。
    问：**男的是什么意思？**

21. 男：你们公司谁英语好？帮我把这篇文章翻译一下。
    女：让我想想……李红是学日语的，王东倒是学英语的，不过今天生病请假了。对了，新来的小张是英语专业的，应该可以。
    问：**谁能翻译这篇文章？**

22．男：这个男的条件不错，还是个博士呢。

女：博士有什么了不起？找对象又不是公司招聘。

问：他们在谈论什么？

23．女：明明，刚才老师跟你说什么了？是表扬你了吗？

男：老师批评我上课不注意听讲，还和别的同学说话。

问：明明上课怎么样？

24．女：慢点儿开！这么多车，多危险啊！

男：球赛快开始了，老王和几个朋友都在家等着我呢。

问：他们可能在哪儿？

25．女：这儿的环境好，交通也方便，就是价钱贵了点儿。

男：房子的面积也不太大，适合咱家情况。就买它吧。

问：关于房子，下面哪句话正确？

第三部分

一共 20 个题，每题听一次。

例如：男：把这个文件复印五份，一会儿拿到会议室发给大家。

女：好的。会议是下午 3 点吗？

男：改了。三点半，推迟了半个小时。

女：好，602 会议室没变吧？

男：对，没变。

问：会议几点开始？

现在开始第 26 题：

26．男：最近你去逛商场了吗？

女：逛了，每天都在逛，不过是在家里。

男：在家还能逛商场？

女：我不是新买了台电脑吗？天天上网买东西，不用去商店，还有人送货到家。

问：**女的最近在哪儿买东西？**

27. 男：哎！又堵车了。

女：是啊，这上下班时开车还不如骑自行车快呢。

男：嗯，还是骑自行车好，又保护环境又锻炼身体。

女：你这身体是该练练了。

男：你的意思是说我胖吗？我以后不开车上班了。

问：**男的在做什么？**

28. 男：妈妈，今天老师表扬我了！我考试得了第一。

女：真棒！妈妈答应你的事情一定办到。

男：太好了！是给我买我喜欢的那个游戏机吗？

女：不是，是电子词典。上次买电脑时看的那个。

问：**孩子将得到什么礼物？**

29. 男：请问，CA187 航班几点到？

女：对不起，由于天气原因，CA187 航班将晚点 35 分钟，于 6 点 40 分到达。

男：哦，还得等 50 分钟呢。

女：您可以到那边的座椅上先休息一下。

男：好吧。

问：**飞机应该几点到达？**

30. 男：这件大衣不错啊！颜色和样子都是今年流行的。

女：可不是，上个月我就看上这件衣服了，可惜当时实在太贵了，舍不得买。

男：多少钱啊？

女：2500。不过昨天开始打折，我花了一半的钱就买回来了。

问：**这件大衣多少钱？**

31. 男：天都黑了，可能马上要下雨了。你去哪儿啊？

女：我跟学生约好了一会儿见面。

男：你打个电话，等天气好了再见面吧。

女：不行，他们还没有电话，我联系不到他们。

男：那你要小心点儿啊。

问：**女的要做什么？**

32. 男：请问，你们健身房有什么种类的卡？

女：有一年期的和半年期的，还有次数卡。

男：哪种比较好？

女：一年期的比较便宜，但只能您自己使用。次数卡贵一点儿，不过可以几个人同时用。

男：好，办这种卡就可以和女朋友一起来了。

问：**男的准备办哪种健身卡？**

33. 男：怎么了，看起来不太高兴啊？

女：我家咪咪生病了，连着两天没吃东西，我真不知道怎么办才好。

男：赶快去医院啊。孩子病了千万别耽误了。

女：孩子？嗨，咪咪是我养的小猫。

问：**女的心情怎么样？**

34. 女：大家可以在这儿自由活动一小时，三点回来集合，注意安全。

男：请问附近有超市吗？

女：有，不过现在游人很多，可能要排队。

男：那我到下一个风景区再去吧。

问：**女的和男的可能是什么关系？**

35．男：我觉得中国学生学习都很努力。

女：你怎么知道的？

男：听说早晨五点多就有人在校园里学习了。

女：哈哈，那时候你可能刚睡吧。

问：关于男的，下面哪句话是正确的？

第 36 到 37 题是根据下面一段话：

现在越来越多的家庭都有了自己的汽车，有的甚至有了第二辆、第三辆，但是堵车和停车难的问题也很严重。为了减轻城市交通压力，我们出行最好选择健康环保的自行车或地铁、公共汽车这样的公共交通工具。

36．这段话提到了城市交通中的什么问题？

37．这段话中没有提到哪种交通工具？

第 38 到 39 题是根据下面一段话：

中国的大部分地区，一年都有春、夏、秋、冬四个季节。就拿首都北京来说吧，从三月到五月是春季，六月到八月是夏季，九月到十一月是秋季，十二月到第二年的二月是冬季。春天百花盛开，夏天绿树成荫，秋天硕果累累，冬天雪花飘扬。春夏秋冬各有各的特点。

38．北京有几个季节？

39．鲜花最多的是哪个季节？

第 40 到 41 题是根据下面一段话：

周末的生活丰富多彩。年轻人喜欢和朋友去卡拉OK唱唱歌，再去饭馆吃一顿。老人喜欢到河边钓鱼，到公园里唱京剧。孩子们可以利用周末的时间学钢琴、学跳舞、学画画儿。天气好的话还可以和家人一起到郊外爬爬山。

40．周末年轻人喜欢做什么？

41．周末老年人喜欢做什么？

第 42 到 43 题是根据下面一段话：

现在人们的生活越来越好了，饮食越来越丰富，肥胖者的数量也增加了，可是人们都想保持好身材，因此，人们通过各种办法减肥。有的不吃饭，只吃水果；有的每天跑步；有的吃减肥药。专家称，正确的方法应该是饮食与锻炼相结合，在保证健康的同时减轻体重。

42. 这段话中没提到下面哪种减肥方法？

43. 说话人觉得肥胖者增加的原因是什么？

第 44 到 45 题是根据下面一段话：

我是个电影迷，几乎每个星期都要看电影。如果有我感兴趣的新电影，我就会去电影院看，不过，常常是在星期三半价的时候去。有时候也买一张 DVD 在家一边吃饭一边看。看过电影后，我喜欢在网上和大家聊聊观影感受，因此认识了很多新朋友。

44. 他为什么星期三去电影院？

45. 看完电影后，他喜欢做什么？

听力考试现在结束。

听力自测题答案及题解

第一部分

1．×。他今天去了两次银行，可是第一次"忘了带护照"，第二次"银行已经下班了"，说明他今天没能换钱。

2．√。问题句中的关键词是"以前"和"同学"，录音中的"想念"和"几年没见"说明他们现在不在一起，而"同学们""咱们的老师"则表明了他们之间是同学关系。"咱们"和"我们"不同，"我们"可能只包括说话人一方，"咱们"一定包括说话人和听话人两方。"咱们的老师"说明说话人和小华有共同的老师，所以他们是同学。

3．×。"减轻了经济压力"和"有了努力的目标"说的都是租房子的好处，与问题句中的"不好"相反。

4．√。录音中的"我这二十多年"是关键信息，由此可以推断"我"的年龄。

5．√。问题句中的关键信息是"对身体不好"，录音中的"身体怎么会好呢"是反问句，表达的正是这个意思。

6．×。问题句中的关键词是"讨厌"，而根据录音我们可以进行这样的推断：因为"代表幸福"，应当会受到人们的喜爱，所以才会"到处都能看到红色的东西"。所以中国人喜欢红色，而不是"讨厌"。

7．√。问题句中的关键信息是"要付钱"，录音中的"不再免费提供"与这一信息相符。

8．×。录音中的"气温有点儿低"说明今天的天气并不暖和，问题句是错的。"运动起来就会很热的"具有一定的干扰性，考生要注意判断和区分。

9．√。问题句中的"烦恼"和录音中的"麻烦事"相对应，表达的意思相同。

10．×。问题句中说"很复杂"，录音中说"很简单"，二者所表达的意思显然不一样。另外，录音中的"一学就会"是一个重要的信息，由此也可以判断西红柿炒鸡蛋的做法不复杂。

第二部分

11．B。"……面条不错，走吧"说明女的决定去吃面条，和选项 B 意思相同。考生根据浏览选项可以对录音内容有所预测，听到关键信息时做好笔记，听完问题后再根据笔记做出判断。

12．C。根据选项可以预测录音中会出现"电子邮件"和"电脑"，听录音时可以重点关注这两个关键词。听到"发完这封电子邮件"可以知道男的现在正在发邮件，选项 C 正确。

13．A。录音内容与吃饭相关，而根据男的对女的的称呼"小姐"和女的所说的"给您""上菜"等可以判断男的和女的是客人与服务员的关系，因此可以判断选项A是正确答案。

14．D。"想到一块儿去了"是口语中常用的表达，表示两个人的想法一样，选项 D 正确。

15．C。录音中说到了这件衣服的"价格"和"质量"两个方面，"太便宜了"与选项 A 内容不符，"质量应该不太好"与"质量差"含义相近，选项 C 正确。

16．A。录音中两人在讨论男的的衣服，选项中的各项内容干扰性较强，需要考生一一排除。"约会"是女的对男的的提问，男的没有肯定地回答；而"面试"不是男的现在要做的事，是对衣服的特点的说明；"衣服都洗了"是对穿这件衣服的原因的说明，与男的现在要做的事无关。所以选项 A"上课"才是正确答案。

17．C。录音中女的称呼男的为"经理"，可以由此直接判断选项C是正确答案。录音中出现了干扰信息"记者"，考生要注意排除。

21

18．C。"粗心大意"指做事不仔细，选项 C 与录音内容相符。其他三项都具有一定的干扰性：女的是丢了钱包，不是书包；是丢了钱包，不是没有钱包；"忘在车里了"是男的的推测，不是事实。这些需要考生仔细听录音，一一排除。

19．D。问题的关键信息是"快出门时"，录音中提到了女的每天早上要做的四件事，其中出门前的最后一件事情是"把它一天的食物准备好"，选项 D 正确。

20．C。录音中的"别提了"是口语中常用的表达，表示因对某事某物的不满或不快而不愿意说起，而"吃了病更重了"进一步说明了那种药效果不好，正确答案是选项 C。选项 B 和选项 D 有一定的干扰性，考生需要准确理解男的说的话才能排除。

21．A。录音中男的首先问"谁英语好？"，说明需要用英语翻译这篇文章，可以排除干扰项"李红"。学英语的有王东和小张，王东"今天生病请假了"，正确答案是选项 A "小张"。

22．D。录音中男的首先说了"这个男的"的条件，与条件有关系的是"找对象"和"公司招聘"，女的说的"又不是"强调了不是"公司招聘"，可以判断"找对象"是他们谈论的内容，"对象"指"男朋友"或"女朋友"，所以选项 D 正确。

23．D。录音的第二句是关键内容，主要说明明上课的表现，通过"批评"一词可以先排除选项 B 和 C。另外，明明是上课和同学说话，没有睡觉，选项 D 正确。

24．A。"慢点儿开"和"这么多车"都说明他们在开车，选项 A 是正确答案。"在家等着我"中的"在家"是干扰信息，考生要注意辨别。

25．B。根据录音内容，这个房子的特点有"环境好""交通方便""价钱贵""面积不太大"，用这几点跟各选项的内容一一对照，只有选项 B 正确。

第三部分

26．C。根据选项内容可以推测录音应该与买东西有关，而且可能是关于买东西的方式的，听录音时注意相关信息并做好笔记。听到"天天上网买东西"时可知选项 C 是正确答案。

27．C。这段录音中与问题无关的信息较多，其实根据第一句中的"堵车"和第二句中的"开车还不如……"就可以初步判断男的在开车，根据男的的最后一句话"我以后不开车上班了"可以确定他现在在开车。解答这类题的关键是排除多余信息，重点关注与问题相关的内容。

28．A。录音第四句是关键句，考生要熟悉"不是……，是……"这一句式，这句话中的"电子词典"与选项 A 吻合。"游戏机"和"电脑"等词语是干扰信息。

29．C。根据选项可知这道题是询问时间的，听录音时把握住"晚点 35 分钟"和"6 点 40 分到达"这两个关键信息，就可以判断飞机应该是 6：05 到达。"还得等 50 分钟呢"是干扰信息。

30．D。"我花了一半的钱就买回来了"说明花的钱是 2500 元的一半，因此选项 D 是正确答案。解答本题需要记住关键信息"2500"和"一半"，然后进行简单的计算。

31．B。根据选项可以推测本题会问说话人要做的事情，听录音时要注意关注这类信息并做好笔记。听完问题后可由"我跟学生约好了一会儿见面"判断出选项 B 是正确答案。

32．C。录音中女的的第一句话介绍了三种卡：一年期的、半年期的和次数卡。第二句话分别介绍了一年期卡和次数卡的特点。男的想办的卡是能"和女朋友一起来"的卡，正确答案是选项 C。女的的第二句话和男的的最后一句话是关键句。

33．B。录音第二句"我真不知道怎么办才好"是关键句，这句话一般用来表示着急或迷茫的心情，因此选项 B 正确。这段内容中干扰信息较多，考生要注意排除。

34．B。本题考查人物关系，"游人"和"风景区"都说明内容与旅行相关，而根据女的说"自由活动""集合"等内容可以推测她是导游，正确答案是选项 B。

35．A。录音第四句是关键句，根据"那时候你可能刚睡吧"可以推测男的睡觉睡得很晚，正确答案是选项 A。选项 C 和选项 D 的内容都在录音中直接出现，但是与男的无关，考生要注意辨别这类信息。

36．D。听完录音，可以首先排除 A、B 两项，它们没有在录音中出现，是无关内容。"但是堵车和停车难的问题也很严重"一句中提到了两个问题："堵车"和"停车难"，选项 D 正确。

37．B。浏览完选项之后，在听录音时应当把出现的交通工具一一记录下来，听完问题后，对照笔记可知没出现的是"火车"，因此选项 B 是正确答案。

38．C。录音的主要内容都是在介绍北京的四个季节，选项 C 正确。

39．A。"春天百花盛开"中的"百花盛开"说明鲜花很多，选项 A 正确。

40．A。录音内容的主题是"周末生活"，分别介绍了年轻人、老人和孩子们的周末生活，其中"年轻人喜欢和朋友去卡拉 OK 唱唱歌"，选项 A 正确。

41．B。老年人的周末生活是"到河边钓鱼，到公园里唱京剧"，选项 B 正确。

42．D。录音通过一个排比句"有的……，有的……，有的……"列出了多种减肥方法，其中有"不吃饭，只吃水果"，有"每天跑步"，有"吃减肥药"。只有选项 D 的"中医减肥"是没提到的减肥方法。

43．A。录音第一句"饮食越来越丰富，肥胖者的数量也增加了"，虽然没有用因果关联词，但是包含了内在的因果关系，所以选项 A 是正确答案。

44．C。首先可以根据常识排除选项 D，剩下的三项里，A 和 B 的内容我们无法根据录音判断正误，而与问题直接相关的句子是"不过，常常是在星期三半价的时候去"，由此可以知道星期三（周三）电影票很便宜，选项 C 正确。

45．D。解答本题，考生需要重点关注"看过电影后"之后的内容，"我喜欢在网上和大家聊聊观影感受"是本题的答案所在，选项 D 是正确答案。而"认识新朋友"是"上网"的结果，考生要注意排除它的干扰。

第二单元
听力各部分题型、考点及攻略

第一章　判断对错

一、题型介绍

　　听力第一部分的题型是判断对错，一共 10 题，每题听一次。每题都是一个人先说一小段话，另一个人根据这段话说一个句子，试卷上也出现这个句子，要求考生根据录音内容判断试卷上的句子是对还是错。

　　一般来说，题目中的句子比较长，朗读时间在 18 秒左右，读完后会有 10 秒左右的停顿时间。

　　例题：

　　★他打算下午去银行。（　　　）　　　　　　　　（大纲样卷例题）

【录音文本】

　　我想去办个信用卡，今天下午你有时间吗？陪我去一趟银行？

　　　　　　　　　　　　　　　　　　　　　　　正确答案：✓

二、题型分析

　　听力第一部分虽然都是判断题，但是试题内容信息量大，因此试题形式也呈多样化，主要分为以下几种类型：

1. 记叙叙述型

这类试题好像记叙文一样，大多在叙述某件事情。

例题：

★ 那家店的衣服不贵。（　　　）　　　　　　　（大纲样卷第9题）

【录音文本】

那家店我常陪女朋友去逛，她说里面的衣服虽然样子看着比较简单，但穿上后的效果却不错，而且价格便宜，每次去逛她都能买到满意的衣服。

【解析】

录音中叙述的是一对男女朋友逛街的事，这类试题中录音的后半部分非常重要，它既是故事的结尾，也是录音内容的关键信息。通过把录音后半部分内容和问题句进行比较，可以发现它们表达的意思是一样的，因此可以判断问题句是正确的。

2. 说明介绍型

这类试题有点儿像说明文，主要介绍一个地方或一个人。

例题：

★ 她俩性格差不多。（　　　）　　　　　　　（大纲样卷第4题）

【录音文本】

她们两姐妹虽然出生时间只差几分钟，但性格却完全相反。姐姐很害羞，不太爱说话；而妹妹很幽默，喜欢讲笑话。

【解析】

这类试题的关键信息一般是某个地方或某个人的特点，因此考生应该快速准确地捕捉描述特点的词语，并进行分析和判断。问题句中用"差不多"一词概括两姐妹的性格特点，这个"差不多"就是关键词。录音中说明两姐妹性格特点的词有"完全相反""害羞"和"幽默"，其中"完全相反"和"差不多"，"害羞"和"幽默"，这两对词分别意思相对，据此我们可以判断两姐妹性格有差别，因此问题句是错的。

3. 议论评价型

这类试题具有议论文的特点，重点在于表达某个观点。

例题：

★ 儿童不吃早餐会影响学习。（　　　）　　　　　　　（大纲样卷第 7 题）

【录音文本】

　　研究发现，不吃早餐容易使孩子变笨，影响他们的学习成绩。所以家长一定要让孩子吃早餐，而且要让他们吃好。

【解析】

　　这类试题一般会在录音的最后表明观点。例题中录音的最后一句话"所以家长一定要让孩子吃早餐，而且要让他们吃好"说明早餐吃好对儿童来说很重要。根据这句话考生可以推断这段录音的主要观点是：儿童不吃早餐不好。问题句"儿童不吃早餐会影响学习"表达的是相似的观点，因此是对的。

4. 对话谈话型

这类试题一般是对话的一部分，通常用来表达某种请求或者某种态度。

（1）表达建议

例题：

★ 两点以后人会比较少。（　　　）　　　　　　　　（大纲样卷第 2 题）

【录音文本】

　　小姐，您前边大约还有二十个人在排队。要是您不着急的话，可以两点以后再过来，那时人会少很多。

【解析】

　　这类试题一般会在录音的第一句或者最后一句明确提出建议。例题中最后一句"……可以两点以后再过来，那时人会少很多"是说话者所提出的建议，根据这句可以推断出说话者建议听话者两点以后再过来，因为那时人会比较少，问题句是正确的。

(2) 表达态度

例题：

★ 他是警察。（　　　）　　　　　　　　　　　　　（大纲样卷第 8 题）

【录音文本】

　　当时我并没有考虑那么多，因为当人们遇到危险的时候，我们做警察的有责任去帮助他们。

【解析】

　　这类试题一般会在录音的第一句或者最后一句表达态度。对于这类试题，考生应该使用预测的方法，根据问题句"他是警察"可以推测出录音中一定有他是或者不是警察的相关词语。录音中的第一句话"当时我并没有考虑那么多"说明说话人的无私无畏的态度，根据这个态度，我们可以推断出他可能是警察，接着听后面的内容"我们做警察的"之后即可确定问题句是正确的。

5. 总结归纳型

这类试题一般会在录音中出现比较多的信息，需要考生通过归纳总结得出要点，然后对问题句做出判断。

例题：

★ 今年旅馆生意比去年好。（　　　）　　　　（大纲样卷第 10 题）

【录音文本】

由于天气原因，今年我们这儿的游客数量比去年减少了四分之三。去年这个时候每天都住得满满的，可今年大部分房间都空着。

【解析】

对于这类试题，考生应该使用总结归纳的方法，筛选出关键信息。例题中的问题句"今年旅馆生意比去年好"的中心内容是"今年比去年好"，而录音中的最后一句"可今年大部分房间都空着"说明"今年的房间没住满，而去年的房间每天都是住得满满的"，由此推断今年的游客数量较少，旅馆生意没有去年好，因此问题句是错误的。

三、考查重点

这部分试题主要考查学生对关键词语的听取、理解和判断的能力。考生听力水平的高低在很大程度上取决于其掌握词汇量的多少。要想在很短的时间里，通过听到的大量词汇，理解一段话的内容，就需要考生能够快速地捕捉到关键词语，并能正确理解其含义，最终对题目做出相应的判断。

这部分试题对关键词语的考查主要通过以下几种形式：

1. 重复关键词

例题：

★ 她俩性格差不多。（　　　）　　　　　　（大纲样卷第 4 题）

【录音文本】

她们两姐妹虽然出生时间只差几分钟，但性格却完全相反。姐姐很害羞，不太爱说话；而妹妹很幽默，喜欢讲笑话。

【解析】

问题句"她俩性格差不多"的关键词语是"性格"，而录音的第一句话里就出现了"性格"这个词，可见"性格"这个关键词在问题句和录音中是重复出现的，因此学生只要听到"性格"这个词，并关注关于"性格"的描述，就可以对题目做出正确的判断了。

2. 与关键词含义相近的词或短语

例题：

★ 那家店的衣服不贵。（　　　）　　　　　　　　（大纲样卷第9题）

【录音文本】

那家店我常陪女朋友去逛，她说里面的衣服虽然样子看着比较简单，但穿上后的效果却不错，而且价格便宜，每次去逛她都能买到满意的衣服。

【解析】

问题句"那家店的衣服不贵"的关键信息是"不贵"，录音中的"价格便宜"与问题句中的关键信息是相对应的。因此，如果学生听到并理解了"便宜"这个词语，就可以得出这道题的答案了。

3. 关键词的反义词

例题：

★ 那场比赛他输了。（　　　）　　　　　　　　　（大纲样卷第1题）

【录音文本】

　　他说，因为压力太大，他想过放弃这次比赛，是母亲一直鼓励他，让他重获信心，并最终赢得了比赛。

【解析】

　　问题句"那场比赛他输了"的关键词是"输"，录音中出现的却是"赢"，"输"和"赢"是一对反义词。因此，当学生听到"赢"这个词时，就会判断出"那场比赛他赢了"，就能轻松地得出这道题的答案了。

4. 关键词的相关词语

例题：

★　今年旅馆生意比去年好。（　　　　）　　　　　（大纲样卷第10题）

【录音文本】

　　由于天气原因，今年我们这儿的游客数量比去年减少了四分之三。去年这个时候每天都住得满满的，可今年大部分房间都空着。

【解析】

　　问题句"今年旅馆生意比去年好"的关键词是"今年""去年""生意"，录音中出现了一系列和今年、去年两年生意相关的词语，如"游客数量""减少""住得满满的""空着"等，通过这些词语，考生可以知道说话人认为今年旅馆的生意没有去年好。因此可以推断问题句是错误的。

四、答题攻略及例题解析

1. 捕捉关键词语，预测录音内容

考生首先以最快的速度浏览问题句，抓住关键词语，并以此为线索，预

测出录音的大致内容，以及可能会出现的问题。只有带着线索和问题有目的地去听录音，才能快速而准确地答题。

例1：

★ 他在出租车上。（　　　）

【录音文本】

　　师傅，麻烦您前边路口向右拐，我在超市门口下车。

【解析】

　　考生可以根据"出租车"这个关键词语进行联想，预测录音中可能会出现"打车""道路"等相关词语，因此当考生听到"师傅""路口""向右拐"时，就可以判断出"他"在出租车上，即使录音中还出现了"超市"一词，考生也能够判断出这只是一个干扰项。这道题的答案是"√"。

例2：

★ 这是机场的广播。（　　　）

【录音文本】

　　各位乘客请注意，请您检查好自己的车票，并且带好行李，现在开始准备进站。

【解析】

　　考生可以根据"机场"这个关键词语进行联想，预测录音中很可能有与"机场"相关的词语出现，比如"飞机""航班"等。然而考生在录音中听到的却是"乘客""车票""进站"等词语，显然这些词是与"火车站"相关的，与"机场"没有任何关系，因此这道题的答案是"×"。

例3：

★ 这个人被录取了。（　　　）

【录音文本】

经过讨论，大家认为你完全符合条件，祝贺你！

【解析】

根据"被录取了"这个关键词语，考生可以预测录音中很可能出现表示高兴、激动等情绪的词，以及表示祝贺、恭喜等态度的词，因此当考生听到录音中的"祝贺你"时，就能马上判断出这个人被录取了，答案是"√"。

例4：

★ 他暑假一个人去了泰山。（　　　）

【录音文本】

暑假我和爸爸妈妈一起去了泰山，泰山实在太高了，我们爬了4个小时才到达山顶。

【解析】

问题句中的"暑假""一个人"和"泰山"这三个关键词分别对应三个问题点——"时间""人物"和"地点"。考生可以预测录音中应该会出现与这三个问题相关的词语。而录音中"我和爸爸妈妈"与关键词"一个人"不吻合，因此这道题的答案是"×"。

例5：

★ 小李不是中国人。（　　　）

【录音文本】

小李, 别客气! 多吃点儿, 尝尝这个, 怎么样? 吃得惯中国菜吗?

【解析】

根据问题句中的"不是中国人", 考生可以预测如果小李是外国人, 他可能不会说汉语、不会包饺子、没有去过长城等等, 当然也可能不习惯吃中国菜, 所以当考生听到录音中"吃得惯中国菜吗"时, 就说明这种预测是正确的, 小李的确不是中国人, 所以主人才会问他是不是习惯中国菜。因此, 这道题的答案是"√"。

2. 理解关键词语, 掌握近义词和反义词

在这部分试题的录音中, 关键词往往不直接出现, 出现的是它的近义词或反义词, 如果考生对这些词比较熟悉的话, 就可以很快地在录音中捕捉到关键信息, 进而与问题句中的关键词进行对照, 对试题做出正确的判断。

例 1:

★ 他明年冬天去看奶奶。(　　　)

【录音文本】

今年暑假我打算去北京旅游, 明年寒假回老家去看奶奶。

【解析】

问题句"他明年冬天去看奶奶"中的时间信息是"明年冬天", 根据预测录音内容的方法, 考生应该重点听录音中关于时间的信息。考生会先后听到"今年暑假"和"明年寒假"两个时间, 而"明年寒假"和"明年冬天"是相同的时间, 因此题目答案是"√"。

例 2:

★ 他现在已经习惯了中国菜的味道。(　　　)

【录音文本】

现在我已经喜欢上了中国菜的味道，刚来中国的时候可不是这样。

【解析】

问题句"他现在已经习惯了中国菜的味道"的关键信息是"已经习惯了"，因此考生应该在录音中重点捕捉相关信息，而"已经喜欢上了"说明他已习惯并且喜欢上了中国菜的味道，因此这道题的答案是"√"。

例3：

★ 昨天的电影很有意思。（   ）

【录音文本】

昨天的电影真好看，情节很精彩，而且那个男演员还特别帅。

【解析】

问题句"昨天的电影很有意思"中的关键词是"有意思"，考生应该在录音中重点寻找描述电影的词语，而录音中的"真好看"说明说话人喜欢这个电影，可以判断他认为电影很有意思，因此这道题的答案是"√"。

例4：

★ 小王每天都来上课。（   ）

【录音文本】

小王今天又没来上课，这已经是第三天了，可能是病了。

【解析】

问题句"小王每天都来上课"的关键词语是"每天"和"来上课",而考生在录音中听到的是"今天"和"没来上课",意思与"每天""来上课"相反,因此可以推断出小王不是每天都来上课。这道题的答案是"×"。

例5:

★ 父母希望我现在交男朋友。(   )

【录音文本】

父母不鼓励我交男朋友,主要是怕我耽误现在的学业。

【解析】

问题句"父母希望我现在交男朋友"中的关键词语是"希望"和"交男朋友",据此考生可以预测这段录音主要讲父母对我做某件事的态度,因此当考生听到"交男朋友"时,可以确定父母关注的事情是"交男朋友"。那么父母对"我"做这件事的态度是什么呢?考生可以在录音中听到"不鼓励"这三个字,这个词语的意思和题目中的"希望"是相反的,因此可以判断父母对"我"交男朋友的事情是反对的,不希望"我"现在交男朋友。这道题的答案是"×"。

3. 利用排除法,清除干扰信息

有一些题目会出现大量和关键词语相关的信息,有的起到提示的作用,有的则完全是对答题的干扰。这时,就要求考生要随听随记,利用排除法,去掉无效信息,根据剩下的有效信息进行答题。我们看下面几个例子。

例1：

★ 小李病了。（　　　）

【录音文本】

小李住院了？昨天他不是还在公司加班吗？他这个人呀，一工作起来就不注意身体。

【解析】

问题句"小李病了"的关键词是"病了"，但是考生在录音中听到的信息既包括和"病了"相关的"住院"，也包括"加班""工作""不注意身体"等看似无关的内容。显然，后边的这些词语主要是干扰信息，考生应该把"昨天他不是还在公司加班吗"这个干扰信息排除，这样其他的信息之间就能建立起正常的逻辑联系，即：小李一工作起来就不注意身体，所以现在住院了。最后得出结论：小李病了。这道题的答案是"√"。

例2：

★ 他刚才去了邮局。（　　　）

【录音文本】

本来我想去你家找你，可是小王来了，非让我陪着他去邮局寄包裹，所以就让你白等了，真抱歉！

【解析】

问题句"他刚才去了邮局"的关键信息是"去了邮局"，据此推测录音中会有地点词出现。而在录音中出现了"你家"和"邮局"两个地点，根据最后的句子"让你白等了，真抱歉"，考生可以判断"我"没有去"你"家，因此"你家"在这个题目中主要起干扰作用，"他刚才去了邮局"是正确的。

例 3：

★ 日用品在二楼卖。（   ）

【录音文本】

　　一楼主要卖水果、蔬菜、鲜肉、鱼虾等，二楼是食品、糖果、糕点什么的，三楼卖日用品和服装，服装在三楼左手边。

【解析】

　　问题句"日用品在二楼卖"的关键词是"日用品"和"二楼"，据此考生可以推测录音是关于在哪里卖什么东西的内容，不但信息量大，而且一定会有一些干扰信息。这就要求考生利用排除法，边听录音边记录，随时排除干扰信息，如"一楼""水果""蔬菜""鲜肉""鱼虾""二楼""食品""糖果"和"糕点"。最后剩下的"三楼""日用品"和"服装"才是有价值的信息，这些信息和题目中的"日用品在二楼卖"是不一致的，因此，这道题的答案是"×"。

例 4：

★ 爷爷喜欢唱京剧。（   ）

【录音文本】

　　听妈妈说，她跟我爸爸结婚二十多年了，每个周末他们都去公园散步，爷爷也去公园唱京剧，一直坚持到现在。

【解析】

　　问题句"爷爷喜欢唱京剧"的关键词语是"爷爷"和"唱京剧"，据此推测录音中会有关于人物和爱好的词语。果然考生在录音中先后听到了"妈妈""爸爸"和"爷爷"三个人物信息，"散步"和"唱京剧"两个和爱好相关的信息。在这些信息中，"妈妈""爸爸"和"散步"与爷爷的爱好无关，属于干扰信息，应该排除。这样剩下的"爷爷也去公园唱京剧"就是唯一对答题有所帮助的，可以证明"爷爷喜欢唱京剧"是对的。

例5：

★ 他的面试没有成功。（　　　）

【录音文本】

您的简历写得非常好，学历也完全符合我们公司的要求，但是可惜您缺少工作经验，我们只好祝您下次好运了。

【解析】

问题句"他的面试没有成功"的关键词语是"没有成功"，因此应该在录音中重点捕捉关于面试的语句。考生首先听到了"您的简历写得非常好"，随后又听到了"学历也完全符合我们公司的要求"，这两个信息似乎说明这次面试非常成功。后边紧接着出现了"但是"和"可惜"，这后面的内容可能才是答题的关键，考生要重点关注。最后的"可惜您缺少工作经验，我们只好祝您下次好运了"说明他这次面试是不成功的。这道题的答案是"✓"。

五、专项练习题

1. 他觉得把钱花在买汽车上不值得。

（　　　）

【录音文本】

1. 我不想买汽车，现在公共汽车、地铁也挺方便的，没必要把钱花在买车上。
★ 他觉得把钱花在买汽车上不值得。

2. 玩儿网络游戏在年轻人中很流行。

（　　　）

2. 现在很多人都喜欢上网，在网上看新闻，在网上玩儿游戏，尤其是网上购物在年轻人中很流行。
★ 玩儿网络游戏在年轻人中很流行。

沿虚线折一下

3. 他写完作业了。　　（　　）

4. 她正在商场。　　（　　）

5. 他今天下午很忙。　　（　　）

6. 他正在医院。　　（　　）

7. 我不知道小王辞职了。（　　）

8. 到路口左拐直走就是超市。

　　　　　　　　　（　　）

9. 这个房子周围很安静。（　　）

10. 妈妈现在很担心。　　（　　）

11. 保护环境很重要。　　（　　）

12. 大家喜欢麻烦的报名方法。

　　　　　　　　　（　　）

13. 他正在餐厅。　　（　　）

14. 小张的英语说得最流利。

　　　　　　　　　（　　）

15. 她以前喜欢看广告。（　　）

【录音文本】

3. 张老师，我还差两道题今天的作业就要写完了，您能帮我看看这两道题吗？
　★他写完作业了。

4. 你好，麻烦你给我拿那件红色的看看。请问，能试穿吗？
　★她正在商场。

5. 我今天下午要开两个会，恐怕没有时间陪你去医院了。
　★他今天下午很忙。

6. 我给您开点儿药，记得要按时吃药啊。红色的药片一天两次，白色的药片一天三次。
　★他正在医院。

7. 什么？小王上周辞职了？我怎么一点儿也不知道？
　★我不知道小王辞职了。

8. 您一直往前走，到路口左拐，再走二百米就到超市了。
　★到路口左拐直走就是超市。

9. 这个房子租金便宜是便宜，不过离机场太近了，有点儿吵。
　★这个房子周围很安静。

10. 我又不是第一次坐飞机。妈，您就放心吧，一到上海我就给您打电话。
　★妈妈现在很担心。

11. 保护环境，减少污染，对于城市的发展具有十分重要的意义。
　★保护环境很重要。

12. 如果报名的方法太复杂，大家就会没有耐心，更不会参加比赛了。
　★大家喜欢麻烦的报名方法。

13. 您好，欢迎光临。请问您打算住几天？我们这里有四种房间可以供您选择。
　★他正在餐厅。

14. 小张的英语说得比小王流利多了，不过说得最好的还是小李。
　★小张的英语说得最流利。

15. 以前我一看广告就换台，但现在不一样了，很多广告非常有意思，我越来越喜欢看广告。
　★她以前喜欢看广告。

沿虚线折一下

【答案与题解】

1. √。问题句中的关键词语是"不值得"，可以推断说话人不主张花钱买汽车。录音中"我不想买汽车"与问题句的意思相同，而且"没必要把钱花在买车上"中的关键词"没必要"与"不值得"意义相近，也说明说话人不赞成买车，因此这道题答案是"√"。

2. ×。问题句中的关键信息是"玩儿网络游戏"和"很流行"。录音中虽然提到了"在网上看新闻"和"在网上玩儿游戏"，但都没有说这是很流行的，因此这些都是干扰信息，应该被排除。根据录音的最后一句，我们可以知道真正在年轻人中流行的不是"玩儿网络游戏"，而是"网上购物"，因此这道题的答案是"×"。

3. ×。问题句中的关键信息是"写完作业了"，而录音中的关键信息是"就要写完了"，"就要"表示还没完成，这与问题句的意思不一样，因此这道题的答案是"×"。

4. √。录音中的量词"件"修饰的名词一般是服装，"能试穿吗"说明说话人正在购物，因此我们可以推断说话人正在商场买衣服，这与问题句的意思一样，因此答案是"√"。

5. √。根据录音中的"今天下午要开两个会"，我们可以推测说话人今天下午很忙。而且"没有时间陪你去医院"中的关键信息"没有时间"和问题句中的"很忙"直接对应。

6. √。录音中"我给您开点儿药"表明说话人是医生，正在给病人看病，由此可以判断他在医院。此外，和"医院"相关的词语"药"反复出现，如"开点儿药""吃药"和"药片"。根据这些关键词语我们也可以推断这段对话是在医院里发生的。

41

7. √。问题句中的关键词语是"不知道"。录音中的"什么"表示惊讶，"我怎么一点儿也不知道？"是一个反问句，由此我们可以推断说话人觉得自己应该知道小王辞职的事情，但事实是他完全不知道，所以感到非常惊讶。因此这道题的答案是"√"。

8. √。问题句中的关键词语是"左拐"和"超市"，"到路口左拐""直走"和录音中的"到路口左拐""再走二百米"相对应，所以问题句正确。此外，录音中的第一句"您一直往前走"是干扰信息，考生应该注意排除。

9. ×。问题句中的关键词是"安静"，但是录音中却出现了"有点儿吵"，这与"安静"的含义相反，而且由"离机场太近了"也可以推断这个房子周围不安静，答案应该是"×"。

10. √。问题句中的关键词是"担心"，而录音中"您就放心吧"说明妈妈现在不放心，这与关键词语"担心"的含义一致，答案是"√"。

11. √。问题句中有两个信息："保护环境"和"很重要"。录音中提到了"保护环境"，这与问题句中的信息一致，此外又提到了"对于……具有十分重要的意义"，就是很重要的意思，这与问题句中的信息也是一致的。

12. ×。问题句中的关键信息是"喜欢"和"麻烦的报名方法"。录音中的"复杂"与关键词"麻烦"是近义词。此外，录音中出现了假设关系复句"如果……就……"，表示大家对太复杂的方法没有耐心，不喜欢麻烦的报名方法。其实，根据常识，考生也能推断大家应该不会喜欢麻烦的报名方法，听录音时只要再次验证一下这种预测就可以了。

13. ×。问题句中的关键信息是地点"餐厅"，听录音时就要注意关注与环境和地点相关的信息。录音中的"欢迎光临"表明这是在一个服务场所，"您打算住几天"和"四种房间"则表明这儿不是餐厅，而是宾馆。

14.×。问题句中的关键信息是"小张说得最流利"，录音中出现了三个人，"小张"和"小王"都是干扰信息，关键人物是"小李"，根据最后一句"说得最好的还是小李"可以知道小李的英语说得最流利，这与问题句的含义不一致，因此答案是"×"。

15.×。问题句中的关键词语是"以前"和"喜欢看"，根据录音中"以前我一看广告就换台"，可以推断以前她不喜欢看广告，这与问题句中所说的是不一样的。至于录音中的"我越来越喜欢看广告"说的是现在的情况，属于干扰信息，应该排除。因此这道题的答案是"×"。

第二章　短对话

一、题型介绍

听力第二部分是对话题，即一男一女两个人各说一句话，第三个人根据对话提出问题，要求考生从四个选项中选出正确的答案。

该部分试题一共 15 题，每题听一次。每题的对话时间大约是 17 ～ 19 秒，每道题之间的间隔大约是 16 秒。

例题：

A 下楼　　　　 B 去厨房　　　　 C 扔垃圾　　　　 D 买好吃的

（大纲样卷第 16 题）

【录音文本】

女：这周围有垃圾桶吗？我去把饼干盒子扔了。

男：前面往右转，楼梯旁边就有一个。

问：女的接下来最可能去做什么？

正确答案：C

二、题型分析

这个部分的试题虽然都是简短的对话，但是由于谈论的内容不同，反映在形式上也有所区别，主要形式有以下几种：

1. 问答式

这类试题的特点是对话的第一句是提问，第二句是回答，一问一答形成一一对应的关系。对于这类考题，考生应该注意第二句，一般来说题目答案会出现在答句中。

例题：

A 厕所　　　　　　B 超市　　　　　　C 售票处　　　　D 公园出口

（大纲样卷第 12 题）

【录音文本】

女：喂，我到森林公园门口了，你在哪儿呢？

男：我在买票呢，你在入口处稍微等我会儿。

问：**男的现在最可能在哪儿？**

【解析】

这个对话的提问句是问男的现在在哪儿，回答是"在买票"，接下来的"你在入口处稍微等我会儿"和问题无关，所以可以判断男的现在最可能在售票处，正确答案是 C。大纲样卷中的第 18 题、19 题、20 题和 23 题都属于此类考题。

2. 谈论式

这类试题的特点是对话的男女双方在一起谈论一个话题，在对话中往往有一个核心内容，与之对应的关键词语反复出现，因此对于这类试题，考生应该注意重复出现的词语，以此为线索选择答案。

例题：

A 迟到了　　　　　　　　　　B 肚子难受

C 出发太早　　　　　　　　　D 路上堵车了

（大纲样卷第 15 题）

【录音文本】

女：小李竟然还没到？他可是从来不迟到啊。

男：我也正奇怪呢，给他打了好几个电话都没人接。

问：**小李怎么了？**

【解析】

这个对话谈论的中心内容是"小李还没到",女的说的"从来不迟到"和男的说的"给他打了好几个电话都没人接"相呼应,说明小李今天迟到了,正确答案是 A。大纲样卷中的第 21 题也属于此类考题。

3. 请求式

这类试题的特点是首先由对话的一方提出请求,往往出现在第一句中,随后由另一方做出答复,一般出现在第二句中。对于这类考题,考生应该注意第二句,一般来说试题的答案会出现在答复句中。

例题:

A 先洗碗　　　　B 放些糖　　　　C 把火关小　　　　D 加点儿盐

（大纲样卷第 22 题）

【录音文本】

女:你尝一下鱼汤,看会不会咸了。

男:我刚才喝了一口,没什么味道,再加一小勺盐吧。

问:男的建议怎么做?

【解析】

在这个对话中,女的提出请求,问鱼汤是不是咸了,男的回答"没什么味道",紧接着说"再加一小勺盐",而选项 A、B 和 C 都和题干无关,所以正确选项是 D。大纲样卷中的第 24 题也属于此类考题。

三、考查重点

这部分试题的考查重点是考生对关键词语的快速捕捉能力。这里说的关键词语有时是选项中的词语,也就是试题的答案;有时是和选项相关的词语,是推测答案的线索；有时既包括选项词语也包括干扰词语。

这部分试题的考查重点主要分为以下几类：

1. 关键词语即选项

例题：

A 记者　　　　　B 翻译　　　　　C 导游　　　　　D 售货员

（大纲样卷第 20 题）

【录音文本】

女：马上就放暑假了，你有什么计划？

男：我打算去我叔叔的公司，帮忙做些翻译工作。

问：男的暑假打算干什么工作？

【解析】

这类试题的特点是一个选项词语会直接在录音中出现，但是其他三个选项不会在对话中出现，考试时只要注意听，就应该能比较容易地找到答案。比如这道题中，只有"翻译"在对话中出现，其他三个词没有出现。因此，考生可以直接判断出正确答案为B。

2. 关键词语为选项的相关词

例题：

A 没看懂　　　　B 没错误　　　　C 书太厚　　　　D 来不及看

（大纲样卷第 13 题）

【录音文本】

男：这篇文章你仔细看过了？

女：对，都看了好几遍了，没发现什么问题。

问：女的主要是什么意思？

【解析】

　　这类试题的特点是四个选项都没有直接出现在录音中，对话中出现的是一些和选项相关的词语，这些词语虽然不是和选项一一对应的，但是通过它们也可以推测出哪个选项是试题的答案。比如录音结尾出现了"没发现什么问题"，考生由此可以推断出女的的意思应该是"没错误"，同时也可以直接否定 A 和 D，至于选项 C，文中并未提及，所以得出这道题的答案是 B。

3. 关键词语为选项和干扰项

例题：

A 奶奶　　　　　B 儿子　　　　　C 妻子　　　　　D 父亲

(大纲样卷第 14 题)

【录音文本】

　　女：儿子下午要参加一场招聘会，有点儿远，你开车送他吧。

　　男：我中午要送爸爸去火车站，来得及吗？

　　问：**男的要送谁去火车站？**

【解析】

　　这类试题的特点是非正确答案的选项也在录音中直接出现了，它们就是干扰项，要注意排除。比如这道题的选项 B 在录音中也出现了，但是男的说"我中午要送爸爸去火车站"则明确说明了男的要送父亲去火车站，考生根据这句话就可以排除干扰项 B，其余选项在录音中并未提及，所以正确答案是 D。

四、答题攻略及例题解析

1.快速浏览选项，预测题目内容

这个答题攻略对应的是第一个考查重点。考生首先浏览四个备选选项，预测录音会涉及的内容以及可能会提的问题。在听录音的过程中，集中注意力，抓住重要信息并做好笔记。

例1：

A 裤子　　　　　B 衬衣　　　　　C 毛衣　　　　　D 大衣

【录音文本】

男：请问有没有大一点儿的衬衣？

女：您看这件怎么样？其他的衬衣尺寸都挺小的。

问：男的要买什么？

【解析】

考生通过浏览四个选项，可以预测出录音的内容大概和衣服有关，因此当考生听到录音第一句中的"衬衣"时，就应该马上标注出来。在第二句中，考生又第二次听到了"衬衣"这个词，再一次证明"衬衣"就是这道题的关键词，也是男的要买的东西。因此这道题的答案是B。

例2：

A 教师　　　　　B 医生　　　　　C 律师　　　　　D 司机

【录音文本】

女：王师傅，您慢点儿开啊！

男：没事，我这老司机你难道还不相信吗？

问：男的是做什么工作的？

【解析】

考生通过浏览四个选项，可以预测出录音的内容大概与工作和职业相关。而在录音中，只有选项 D "司机"出现了一次，其他选项完全没有出现，因此考生可以判断"司机"是这道题的关键词，也是王师傅的职业，这道题的答案是 D。"老司机"的"老"在这里不指年龄大，而表示"很有经验"。

例 3 ：

A 足球　　　　B 篮球　　　　C 排球　　　　D 冰球

【录音文本】

男：明天跟我去看足球比赛吧！这两个队水平差不多，一定很精彩。

女：又是足球！真不知道你们男人为什么都喜欢看这个？

问：男的喜欢看什么比赛？

【解析】

考生通过浏览四个选项，可以预测出录音的内容大概与体育运动有关。选项A "足球"在录音的第一句就出现了，随后女的又用强调的语气再一次说出了"足球"这个词，因此考生可以判断出"足球"是这道题的关键词，男的喜欢看的也是足球比赛，因此这道题的答案是A。

例 4 ：

A 花儿很漂亮　　　　　　B 送给妈妈

C 自己喜欢　　　　　　　D 女朋友生日

【录音文本】

女：这花儿可真漂亮！

男：今天是我女朋友的生日，这是我送她的生日礼物。

问：男的为什么买花儿？

【解析】

考生通过浏览四个选项，可以预测出录音的内容大概与送花儿有关。在录音中只有选项D"女朋友生日"出现了一次，其他选项完全没有出现，因此，考生可以推断"女朋友生日"就是男的买花儿的原因，这道题的答案是D。

例5：

A 八点半　　　　B 九点半　　　　C 十点半　　　　D 十一点半

【录音文本】

女：去这么早干什么？电影十点半才开始呢！

男：是十点半啊。对不起，我记错了。那咱们一会儿再出发吧。

问：电影几点开始？

【解析】

考生通过浏览四个选项，可以预测出录音的内容大概与时间相关。在录音中只有选项C"十点半"出现了两次，其他选项没有出现，因此考生可以判断"十点半"是这道题的关键词，也是电影开始的时间，这道题的答案是C。

2. 逻辑推理导出选项

这个答题攻略对应的是第二个考查重点。考生先浏览四个备选选项，在听录音的过程中，用笔标注出和选项相关的词语，作为答题的线索。最后从选项中找出与该线索相吻合的一项，一般来说这就是试题的答案。

例1：

A 宾馆　　　　　B 饭店　　　　　C 商场　　　　　D 学校

【录音文本】

　　女：这件大衣能试穿吗？

　　男：当然可以。请问您穿多大号的，我马上为您拿来。

　　问：说话人在哪里？

【解析】

　　这道题的四个选项是四个场所，考生应该关注和这四个场所相关的词语。比如录音第一句话中的"大衣"和"试穿"，就是在商场买衣服的常用词，录音第二句话中的"穿"和"多大号"也是同类用语，根据这些词语可以推断说话人正在商场购物，因此这道题的答案是选项C。

例2：

A 司机　　　　　B 老师　　　　　C 医生　　　　　D 售货员

【录音文本】

　　男：玛丽，你的作业怎么没交呢？

　　女：对不起，我忘带了。明天上课时我一定带来。

　　问：男的是做什么工作的？

【解析】

　　这道题的四个选项是四种职业。考生在录音中会听到"作业"和"没交"，这些词说明对话发生在学校，可以推断说话者之间是老师和学生的关系，因此这道题的答案是选项B。

例3：

A 激动　　　　　B 生气　　　　　C 难过　　　　　D 着急

【录音文本】

女：喂，孩子发烧了，你快点儿回家，咱们一起去医院吧。

男：好，我马上回去。

问：女的的心情怎么样？

【解析】

这道题的四个选项是四种情绪。录音第一句话说"孩子发烧了"，说明这是一个紧急情况，可以推断说话者很可能会着急，果然下面一句话是"你快点儿回家，咱们一起去医院"，非常明确地表明了说话者焦急的心情。这些句子都是和"着急"的情绪紧密相关的，由此考生可以得出答案是选项D。

例4：

A 气候　　　　　B 风景　　　　　C 饮食　　　　　D 交通

【录音文本】

男：这里什么季节容易下雨？

女：夏天，尤其是七月份，有时候会一直下好几个星期呢。

问：他们在谈论什么？

【解析】

这道题的四个选项是四个常见话题，考生应该关注录音中和这些话题相关的词语。比如录音第一句话提到了"季节"和"下雨"，说明这段对话可能和天气有关，随后录音中又出现了"夏天""七月份"等词语，也是和天气气候相关的，因此可以判断答案是选项A。

例5：

A 接朋友　　　　B 买机票　　　　C 下飞机　　　　D 买车票

【录音文本】

男：请问有星期六从北京去上海的航班吗？最好是早上的。

女：有，早上六点半有一趟。您现在预订吗？

问：男的想干什么？

【解析】

这道题的四个选项是四个活动，录音中提到的"航班"和"预订"，都是和买飞机票这一活动相关的词语，因此可以判断答案是选项B。

3. 准确排除干扰项

这个答题攻略对应的是第三个考查重点。考生首先浏览四个选项，在听录音的过程中，边听边记，将出现在录音中的所有选项标注出来，尤其要注意这些关键词语前后的词语，最后根据对话的内容，排除干扰项，剩下的就是答案。

例1：

A 公司　　　　B 邮局　　　　C 超市　　　　D 学校

【录音文本】

女：我想去买点儿旅游用的东西。

男：好，那我先送你去超市，然后我再去公司。

问：女的要去哪里？

【解析】

这道题的四个选项是四个地点，一般来说录音中出现的地点词可能就是答案，但是这段录音中却出现了两个地点词"超市"和"公司"，分别对应选项 A 和选项 C，那么考生就需要分析地点词前边的其他词语信息。男的说"先送你去超市"，"超市"前是"你去"，男的又说"我再去公司"，"公司"前是"我再去"，根据人称代词，考生可以判断女的是去超市，应该选择选项 C。"公司"是一个干扰项。

例 2：

A 150 块　　　　 B 140 块　　　　 C 130 块　　　　 D 120 块

【录音文本】

　　女：这件毛衣怎么卖？

　　男：大商场 150 块，别的地方也有卖 130、140 的，不过我这儿只卖 120 块。

　　问：这件毛衣男的卖多少钱？

【解析】

　　考生通过浏览这道题的四个选项可以预测录音的内容与数字（钱数）有关。录音中一共出现了四个数字：150、130、140 和 120，其中"120 块"前出现了表示转折的连词"不过"，表明"120 块"是这句话的重点，是毛衣的实际价格，其他三个数字只是干扰项。答案是选项 D。

例 3：

A 男的四月份去北京　　　　 B 女的四月份去北京

C 男的三月份去北京　　　　 D 男的不想去北京

【录音文本】

女：听说你三月份要去北京？

男：不是，是我爱人三月份去北京。她去以后，我再过一个月才去。

问：从对话中可以知道什么？

【解析】

这道题的四个选项涉及时间和人物，因此考生首先应该关注录音中的时间，然后还要注意听不同的人物对应的不同时间。"三月份"在录音中出现了两次，对应的人物是"她"，"再过一个月"出现了一次，对应的人物是"我"，因此可以判断"三月份"只是一个干扰项，男的去北京的时间是四月份。答案是选项A。

例4：

A 苹果　　　　　B 牛奶　　　　　C 葡萄　　　　　D 面包

【录音文本】

女：玛丽，你去超市都买了些什么啊？

男：嗯，有苹果、面包、葡萄，还有一大瓶咖啡。

问：玛丽没有买什么？

【解析】

这道题的四个选项是四种食品，而且其中三个在录音中都出现了，是"苹果""面包"和"葡萄"，但是这道题问的是"玛丽没有买什么"，因此这三种食品都是干扰项。正确答案应该是和录音中"咖啡"不一致的"牛奶"，也就是选项B。

例5：

A 哥哥   B 姐姐
C 弟弟   D 妹妹

【录音文本】

　　女：这么多活儿，我一个人可做不完。哥，你帮帮我吧。

　　男：我哪有时间啊？让姐姐做吧，她准有时间。

　　问：谁有时间？

【解析】

　　这道题的四个选项是四个表示亲属称谓的词语，其中"哥哥"和"姐姐"都在录音中出现了，但是哥哥说"我哪有时间啊"，在"有时间"前边出现了表示反问语气的"哪"，说明哥哥没有时间，而姐姐"准有时间"的"准"表示一定的意思，说明姐姐可能有时间。因此这道题的答案是选项B。

五、专项练习题

1.A 很方便
　 B 没好处
　 C 不太懂
　 D 有好处

【录音文本】

1.男：现在人们都用电话跟家里联系，你怎么还写信呢？

　 女：这你就不懂了。打电话虽然很方便，但是写信也有写信的好处。

　 问：女的觉得写信怎么样？

2. A 被表扬了
   B 被批评了
   C 生病了
   D 很好看

3. A 毕业了
   B 锻炼身体
   C 交学费
   D 找同学

4. A 房子太大
   B 房子太远
   C 房租太贵
   D 交通方便

5. A 看书
   B 买手机
   C 找手表
   D 拿手机

6. A 看电影
   B 去医院
   C 看书
   D 陪妈妈

【录音文本】

2. 男：你脸色怎么这么难看？身体不舒
      服吗？
   女：哎，别提了，刚才又被老板批评了。
   问：女的怎么了？

3. 男：妈妈，暑假我想和同学一起去超市打
      工，多挣点儿钱交下学期的学费。
   女：好孩子，妈妈支持你，不过也要注意
      身体啊。
   问：男的为什么要去打工？

4. 女：老李，听说你搬家了。你们家的房子
      不是挺大的吗？楼层也不错。
   男：房子好是好，就是离单位太远了，
      交通也不方便，只好换个近一点
      儿的。
   问：男的为什么搬家？

5. 女：刚才我去宿舍找你，你怎么不在呢？
   男：我刚才去图书馆了，上午看书的时候
      把手机忘在那儿了，才拿回来。
   问：男的为什么去图书馆？

6. 男：这个星期天我们一起去看电影吧。
   女：好啊！不过我早上要先陪我妈妈去
      医院，下午我们再去吧。
   问：这个星期天他们一起做什么？

7. A 红裙子

   B 黄裙子

   C 白裙子

   D 黑裙子

8. A 超市

   B 银行

   C 邮局

   D 电影院

9. A 正在减肥

   B 参加会议

   C 准备会议

   D 生病了

10. A 样子不新

    B 质量太差

    C 价格太贵

    D 颜色太浅

11. A 爸爸

    B 妈妈

    C 女儿

    D 儿子

【录音文本】

7. 女：明天参加学校的汉语比赛，你说我穿
   红裙子好看还是黄裙子好看？
   男：我看还是黑裙子好，适合参加比赛。
   问：男的认为女的穿什么好？

8. 男：我一会儿先去银行旁边的超市买饮
   料，你下班后直接去电影院等我吧。
   女：我也要去买东西，咱们在超市见吧。
   问：他们在哪里见面？

9. 男：小张，几天不见你怎么这么瘦啊？是
   不是又减肥了？
   女：下周公司有个重要会议，由我负责准
   备，这不忙得我都快病了。
   问：小张为什么这么瘦？

10. 女：您看这个沙发怎么样？样子新，质
    量好，坐着也很舒服。
    男：其他都还不错，就是这颜色有点儿
    浅，我还是喜欢深一点儿的。
    问：男的认为沙发怎么样？

11. 女：爸爸，今天的汤可好喝了！
    男：是吗？我尝尝。嗯，是不错，你妈妈
    真是太厉害了！
    问：汤是谁做的？

沿虚线折一下

12. A 今天
    B 明天
    C 后天
    D 前天

13. A 夫妻
    B 母子
    C 父女
    D 朋友

14. A 找工作
    B 找女朋友
    C 找房子
    D 找学校

15. A 看电影
    B 看书
    C 看电视
    D 看作业

【录音文本】

12. 女：你不是说今天要去上海出差的吗？
    怎么还没走？
    男：本来是说今天出发的，可后来又推
    迟了两天。
    问：男的什么时候出差？

13. 女：你别再抽烟了，不但对自己身体不
    好，对我们也不好啊！
    男：好吧，为了你和孩子，我不抽了。
    问：他们是什么关系？

14. 女：你想找个什么样的？
    男：只要脾气好，会照顾家庭就行，漂
    亮不漂亮不重要。
    问：他们在说什么？

15. 男：我都看了一半了，怎么还没有你说的
    那个人呢？
    女：别着急，再看两页就行了。
    问：男的在干什么？

沿虚线折一下

【答案与题解】

1.D。录音中的关键句是"写信也有写信的好处"，其中"有好处"与选项 D 完全对应，考生通过快速捕捉选项信息的方法，就可以找到答案。

2.B。录音中的关键句是"刚才又被老板批评了"，其中的"被批评了"与选项 B 完全对应，考生通过快速捕捉选项信息的方法，就可以找到答案。

3.C。录音中的关键句是"多挣点儿钱交下学期的学费"，其中的"交学费"与选项 C 完全对应，考生通过快速捕捉选项信息的方法，就可以找到答案。

4.B。录音中男的说的话是关键信息，考生应注意"……是……，就是……"的句式，这个句式前半句肯定，后半句转折，说话人的中心意思在后半句。录音中的"太远了"与选项 B 完全对应，考生由此得出答案。

5.D。录音中的关键句是"把手机忘在那儿了"，男的去图书馆是为了拿手机。选项 D 是正确答案。

6.A。录音中的"去医院"是干扰项，考生应该注意听"先……，再……"，这组表顺序的关联词语说明了女的星期天的安排，第一件事"去医院"是女的和妈妈一起做的，第二件事"看电影"是和男的一起去，正确答案是 A。

7.D。"红裙子"和"黄裙子"都是干扰选项，"……还是……"表选择，但男的并未做出选择，而是说"我看还是黑裙子好"，因此答案是 D。

8.A。银行和电影院都是干扰选项，考生应该注意记录不同地点对应的事件，最后根据关键句"咱们在超市见吧"可以知道他们见面的地点是超市，正确答案是 A。

9.C。"减肥""重要会议"和"快病了"都有一定的干扰性，"减肥"是男的的提问，女的并没有做出肯定回答。"重要会议"是小张变瘦的原因，但是根据关键句"由我负责准备"可以知道小张是准备会议而不是参加会议，"快病了"也是"准备会议"的结果，不是"变瘦了"的原因，因此答案是 C。

10.D。"样子新""质量好""很舒服"是女的介绍的沙发的三个特点,都是干扰项,因为问题问的是男的的看法。根据关键句"就是这颜色有点儿浅"可以知道男的关注的是"颜色",而且最后一句"我还是喜欢深一点儿的"也说明男的对沙发的颜色不太满意,因此答案是 D。

11.B。"太厉害了"用于称赞他人,表示"做……做得很好,很出色",爸爸喝完汤以后对妈妈做出这样的评价,说明汤是妈妈做的。因此答案是 B。

12.C。对话发生的时间是"今天","本来"表示"在此之前……,原来……",后面一般会有表示转折的内容,录音中是"可后来又推迟了两天",由此可以判断男的最新的出发时间是后天。因此答案是 C。

13.A。对关键句"为了你和孩子,我不抽了"进行逻辑推理,可以判断男的是女的的丈夫,他们有一个孩子。答案是 A。

14.B。根据男的所说的"脾气好""会照顾家庭""漂亮不漂亮"等内容,可以推断他们说的是"找女朋友"。另外,"你想找个什么样的"一般是关于找对象的,也就是找女朋友或男朋友。

15.B。根据"怎么还没有你说的那个人呢",再结合各个选项的内容,可以推断男的看的是一个故事,不是作业,再根据"再看两页就行了"可以知道他看的是一本书。

第三章 长对话及短文

一、题型介绍

听力第三部分包括两种题型，一是长对话题，一是短文题。

（一）长对话题

这部分试题主要是一男一女两个人各说两句话，一共四句话（有时候也有五句话的），第三个人根据对话提出问题，要求考生从四个选项中选出正确答案。

这部分试题共 10 题，每题听一次。每题的对话时间大约是 23 秒，每道题之间的间隔大约是 16 秒。

例题：

A 电价降了   B 没用冰箱

C 不常在家   D 空调不常开

（大纲样卷第 26 题）

【录音文本】

女：上个月的电费交了吗？

男：交了，昨天我去银行存钱时顺便交的，一共九十多。

女：比之前少了很多。

男：现在秋天了，我们不常开空调，电费当然少了。

问：电费为什么少了？

正确答案：D

（二）短文题

这部分试题包括五篇短文，体裁各不相同，一般有记叙文、说明文和议论文三种。问题的范围主要包括细节信息、语段含义、主旨大意等。

例题：

36. A 付款　　　B 换零钱　　　　C 选椅子　　　　D 借他现金

37. A 很穷　　　　　　　　B 忘记密码了

　　C 买了条裤子　　　　　D 信用卡用不了

（大纲样卷）

【录音文本】

　　小张，你能帮我在网上付一千零五十块钱吗？我刚买了两双皮鞋，但我的信用卡出问题了，付不了钱，这家店又不支持货到付款，我中午取了钱就还你。

　　36. 说话人想请小张帮什么忙？

　　37. 关于说话人，可以知道什么？

正确答案：A　D

二、题型分析

（一）长对话题

这部分试题虽然看似杂乱，但根据对话中关键句的不同位置，可以将题目分为以下几类：

1. 关键句在首句

这类试题的特点是对话的第一句是答题的关键。

例题：

A 阴天　　　B 天晴了　　　C 雪停了　　　D 正在下雨

（大纲样卷第27题）

【录音文本】

男：外面雨停了，太阳也出来了，我去把窗户打开。

女：好，这场雨下得真及时！

男：是啊，外面的空气肯定很新鲜。

女：那咱们去公园散散步吧。

问：现在天气怎么样？

【解析】

这道题的问题句是"现在天气怎么样？"，询问现在的天气情况。对话第一句"太阳也出来了"与选项B的内容吻合，这句话就是对话的关键句，也是这道题的答案所在。另外，要注意选项C是干扰项，关键句中是"雨停了"，而选项C是"雪停了"，两个信息相似但不一致。

2. 关键句在其他句

这类试题的特点是对话的第二句或第三句是答题的关键。

例题：

A 很凉快　　　　B 很暖和　　　　C 无法游泳　　　D 季节不合适

（大纲样卷第30题）

【录音文本】

女：你们在讨论什么？这么热闹。

男：我们在商量毕业旅行的事，你来得正好，提点儿建议吧。

女：北戴河不错，景色美丽，现在去也凉快，还可以游泳。

男：这主意不错。

问：女的觉得现在去北戴河怎么样？

【解析】

　　这个对话的问题句是"女的觉得现在去北戴河怎么样？"，询问的是女的的观点。录音中第三句是女的的观点——"景色美丽，现在去也凉快，还可以游泳"，因此这句话是对话的关键句。通过将这句话中女的的观点和选项做比对，可以知道选项 A 正确。

3. 关键句在尾句

这类试题的特点是对话的第四句是答题的关键。

例题：

A　会弹钢琴　　　　　　　　　B　爱好唱歌

C　有演出经历　　　　　　　　D　对体育感兴趣

（大纲样卷第 35 题）

【录音文本】

　　男：请问，举办这次比赛的目的是什么？

　　女：我们想发现一些爱好音乐的人，给他们一个机会，让他们的音乐之路走得更远。

　　男：对参赛者有什么要求吗？

　　女：只要喜欢唱歌，就可以来报名。

　　问：什么样的人可以报名？

【解析】

　　这个对话的问题句是"什么样的人可以报名？"，录音中第四句"只要喜欢唱歌，就可以来报名"回答了这个问题，而且与选项 B 意思吻合，因此这道题的关键句是最后一句，答案是 B。

（二）短文题

这部分试题可以根据短文的体裁进行分类：

1. 记叙文类

这类文章内容丰富，如：一个新闻事件，当前人们关注的一个社会问题，中外杰出政治家、科学家、艺术家的小故事，著名的会议讲话以及幽默笑话等。

这类试题的录音内容故事性强，语言生动，大多依据关键信息提出问题。因此考生应该重点把握故事的主要情节，关注时间、地点、人物、原因等关键信息，通过快速浏览选项的方法，推测短文的大致内容，重点捕捉录音中的关键信息。

例1：

42. A 太花钱　　　　　　　　B 年龄大

　　 C 身体受不了　　　　　　D 医生工作太累

43. A 要勇敢　　　　　　　　B 要有自信

　　 C 要学会坚持　　　　　　D 学习永远不晚

（大纲样卷）

【录音文本】

第 42 到 43 题是根据下面一段话：

　　有个人想学医，可又觉得自己年龄太大，于是就去问一个朋友："学医需要五年，等学完我就四十五岁了！"朋友对他说："即使你不学，再过五年，你也是四十五岁啊！"不管你学什么，只要现在去学，就永远不晚。

42. 那个人最开始担心什么问题？

43. 这个故事主要想告诉我们什么？

【解析】

这是一个小故事，"小故事"在考试中经常出现。第42题问的是那个人担心什么问题。这个问题的答案从这个故事的第一句话中就能找到——"可又觉得自己年龄太大"，因此选B。虽然这个故事中出现了"四十五"这个数字，但是它的单位是"岁"，而不是表示多少钱的"元"，所以干扰项A可以排除。这个故事中并没有提到当医生工作累、身体受不了等信息，所以也不选C和D。第43题是主旨题。小故事的主旨一般在最后一句话中，因此要特别关注最后一句话。通过这个故事的最后一句话"不管你学什么，只要现在去学，就永远不晚"，可以得出正确答案应该是D。

例2：

38．A 老师 　　　　B 班长 　　　　C 校长 　　　　D 院长
39．A 要考数学 　　　　　　B 作业很多
　　C 考试提前了 　　　　　D 考试成绩不好

（真题 H41002）

【录音文本】

第38到39题是根据下面一段话：

　　同学们正在教室里学习，准备下星期的考试。班长忽然跑进来，大声说："告诉大家一个好消息和一个坏消息。好消息是下星期不考试了！"同学们高兴地跳了起来，班长又说："坏消息是下星期的考试，改到今天了。"

　　38．坏消息是谁通知的？
　　39．坏消息是什么？

【解析】

这是一段笑话材料，在考试中经常出现。笑话往往会有一个让人意想不到的结果，因此录音的最后一句话很重要，既是这道题的关键句，也是问题的答案。第38题的四个选项是四种身份，其中选项B"班长"在录音中出现了两次，而且班长"告诉大家……"，由此可以判断通知坏消息的就是班长，因此这道题的答案是B。第39题主要参考关键句，也就是最后一句话，其中"改到今天了"与选项C"考试提前了"意思吻合，因此可以确定这道题的答案是C。

2. 说明文类

这类文章的内容主要包括商品广告、动物描述、人物描写、中国传统风俗介绍、科学技术新事物介绍等。

这类试题说明性强，语言简洁，问题句中常常使用录音中的原词提问，因此考生应该注意说明性文字，并且能够快速查找出相同的词语。

此外，考生平时也要多阅读，扩大自己的知识面，尤其要注意积累中国传统文化知识、加强对现当代中国的了解等。

例1：

42. A 让人更成熟　　　　　B 让皮肤湿润
　　 C 让空气湿润　　　　　D 让人很凉快
43. A 免费试用　　　　　　B 买一送一
　　 C 半价出售　　　　　　D 九折出售

（真题 H41002）

【录音文本】

第42到43题是根据下面一段话：

进入冬季，气候干燥，怎样才能保护皮肤，让别人看不出自己的年龄？我们的"水之印象"可以让您的皮肤在干燥的冬季喝饱水。我们现在正举办免费试用活动，很多人用过之后，都说效果非常好，你还在等什么？

42．"水之印象"有什么作用？

43．他们正在举办什么活动？

【解析】

这是一个商品广告，介绍的是"水之印象"化妆品的作用和现在开展的活动。第42题考查的是如何查找说明性文字，录音中提到"水之印象"可以"让您的皮肤在干燥的冬季喝饱水"，这句话就是对这个化妆品作用的说明，"喝饱水"与选项B"湿润"的意思相符，因此这道题的正确答案是B。第43题考查考生查找相同词语的能力，录音中提到"我们现在正举办免费试用活动"，其中"举办……活动"与问题句完全一致，因此可以判断这句话就是回答问题的关键句，而其中的"免费试用"与选项A吻合，因此这道题的正确答案是A。

例2：

36．A 很瘦 　　 B 个子矮 　　 C 十分骄傲 　　 D 爱好历史

37．A 15岁 　　 B 16岁 　　 C 25岁 　　 D 26岁

（真题 H41002）

【录音文本】

第36到37题是根据下面一段话：

邓亚萍是中国的乒乓球运动员，但是她的身高只有一米五五，很多人认为她并不适合打乒乓球。可是她通过努力，改变了人们的这一看法。她十五岁成为亚洲第一，十六岁获得世界第一。

36．关于邓亚萍，可以知道什么？

37．邓亚萍什么时候获得亚洲第一？

【解析】

这是一篇介绍人物的短文。这类文章中的人物一般都是文学、艺术、体育等某一领域的名人，内容侧重于介绍人物的特征、事迹及所取得的成就等。在听此类短文时，考生应该边听边记。

第36题主要考查考生查找说明性文字的能力。录音的第一句"邓亚萍是……"是对邓亚萍的介绍，其中"她的身高只有一米五五"与选项B"个子矮"意思相符，因此可以判断这道题的答案是B。第37题的问题句是对短文中的"她十五岁成为亚洲第一"的提问，"十五岁"是正确答案。需要注意的是，录音中出现了两个"第一"，考生应该注意两个"第一"分别对应的内容。

3．议论文类

这类文章主要包括以下几种类型：讲述人生哲理，对社会热点问题进行评论，表达本人对某事某物的观点等。内容取材可能涉及经济、文化、社会等多方面。

这类短文的说话者一般会根据某些现象表达自己的观点，因此试题往往是针对作者的观点提出问题。

考生平时应多关注时事新闻，了解当前社会热点问题，积累一些相关知识。

例1：

44．A 很浪漫　　B 值得同情　　C 特别有趣　　D 内容丰富

45．A 精彩的　　　　　　　B 简单的

　　C 相互信任的　　　　　D 勇敢去爱的

（真题 H41003）

71

【录音文本】

第 44 到 45 题是根据下面一段话：

很多女孩子羡慕小说里浪漫、复杂的爱情，认为经历了酸甜苦辣的爱情才算是深厚的。其实，更值得我们重视和尊重的，正是实际生活中简单的爱情。有时候，简单就是最大的幸福。

44. 女孩子为什么喜欢小说里的爱情？

45. 说话人认为什么样的爱情才是幸福的？

【解析】

这是一篇关于人生哲理的短文。前半部分指出现象，后半部分说明观点。第44题询问的是现象，答案出现在前半部分，"很多女孩子羡慕小说里浪漫、复杂的爱情"是对问题的回答，其中的关键词是"浪漫"，与选项A意思相符，因此这道题的正确答案是A。第45题询问的是说话人的态度，答案出现在后半部分，"简单就是最大的幸福"是说话人的观点和态度，关键词"简单"与选项B相符，正确答案是B。

例2：

38. A 性别　　　　B 性格　　　　C 兴趣　　　　D 标准

39. A 现代教育学　　　　　　B 什么是感情

　　C 儿童的爱好　　　　　　D 怎样教育孩子

（真题 H41004）

【录音文本】

第 38 到 39 题是根据下面一段话：

教育不同性格的孩子要使用不同的方法：对那些活泼的孩子要给他们一些限制；对那些害羞的孩子要经常鼓励他们说出自己的看

法，当他们这样做了以后，要表扬他们，这样才能让每一个孩子都健康地发展。

38．根据这段话，教育孩子要考虑哪方面的不同？

39．这段话主要谈什么？

【解析】

这是对于社会热点问题的议论，这类短文一般都会在开头或结尾提出自己的观点。这段话在开头就鲜明地提出了观点："教育不同性格的孩子要使用不同的方法"，这也是第38题的答案，其中的关键词"性格"与选项B吻合，因此正确答案是B。第39题要求理解短文大意，这段话的主要内容是介绍"怎样教育孩子"，答案是D。

三、题目特点与答题攻略

（一）长对话题

这部分试题的内容包含人们日常生活中的各种信息，如地点、时间、数字、身份、关系、活动、态度等，因此考试重点和答题攻略也各有不同，我们将主要分析以下五种类别的考题。

1．地点与场所

这类考题主要考查考生对地点及场所信息的把握和理解。

（1）题目特点

①选项一般是表示地点或场所的词语，如"医院、学校、公司、超市、银行、机场、车站"等。

②在录音中一般不直接出现地点词或场所词，而出现与之对应的相关词语，如：当选项是医院时，录音中往往会出现"打针、医生"等词语；选项是银行时，录音中往往会出现"换钱、取钱"等词语。

③提问时一般使用"哪儿、哪里、什么地方"等疑问词，如：

说话人在哪里？

男的／女的最可能在什么地方？

这段对话最可能在哪儿听到？

例题：

A 书店　　　　　B 银行　　　　　C 教室　　　　　D 植物园

（大纲样卷第34题）

【录音文本】

　　女：您想买哪方面的书？

　　男：科学方面的，七八岁孩子看的。

　　女：《地球的日记》挺好的，简单又有趣。

　　男：能拿给我看看吗？

　　问：对话最可能发生在哪儿？

【解析】

　　这道题包含了以上三个特点。首先，四个选项分别是"书店""银行""教室"和"植物园"，都是表示地点或场所的词语。其次，录音中没有出现任何地点词，但是"买""书"这两个词很明显地表明，这是一段在书店买书时的两人对话。最后，这道题问的是"对话最可能发生在哪儿？"，考生可以判断出正确答案是A。

（2）答题攻略

①熟悉 HSK（四级）考试大纲中的地点和场所词。

HSK（四级）考试大纲中的地点和场所词如下：

　　办公室、北京、宾馆、餐厅、厕所、长城、长江、超市、城市、厨房、出租车、大使馆、地方、地球、地铁、饭馆、房间、飞机、附近、高速公路、公共汽车、公司、公园、海洋、黑板、黄河、火车站、机场、家、加油站、郊区、教室、街道、客厅、楼、路、门、桥、森林、沙发、商

店、首都、图书馆、卫生间、洗手间、学校、亚洲、医院、银行、邮局、中国、周围、座位

②了解常用地点词及相关词语。

地点词	相关词语
办公室、公司	传真、打印、复印、会议、经理、文件
家	爸爸、厨房、打扫、电视、房间、邻居、妈妈、起床、睡觉
宾馆	打扰、打扫、房间、服务员、客人
超市、商店	购物、顾客、关门、贵、价格、开门、裤子、零钱、便宜、裙子、售货员、鞋、衣服
饭馆	菜单、点菜、服务员、饺子、面条、啤酒、饮料
飞机	窗户、航班、降落、起飞、座位
公共汽车、出租汽车	出发、地图、堵车、交通、街道、警察、开车、路口、买票、上车、师傅、司机、停车、下车、下一站
火车站、机场	车次、车票、航班、护照、列车、降落、起飞、行李
公园、花园	门票、漂亮、游客
图书馆	还书、借书、阅览室
学校	毕业、博士、成绩、教师、教授、教育、考试、老师、练习、留学、年级、食堂、硕士、宿舍、校长、学生、作业
医院	出院、大夫、发烧、感冒、挂号、护士、生病、药、医生、住院
银行	存钱、换钱、汇率、美元、取钱、人民币、信用卡
电影院	电影票、结束、开始、座位
邮局	航空信、寄包裹、寄信、特快专递、信封、邮票

2. 时间与数量

针对数字提问的题目一般问钱数、时间、数量等。此类对话中往往会设置很多干扰项，也就是出现很多与问题无关的数字。

（1）题目特点

①考查考生对时间点、时间段、年龄、钱数等相关词语的掌握程度，如

"点、小时、岁、收入"等。

②对话中常常出现几个数字，对考生答题产生干扰，因此考生应该注意每一个数字与具体内容的对应。

③一些问题的答案并不能直接在对话中找到，而是需要进行推理或简单的数学计算。

④提问时一般使用"多少、几、多长时间、哪年"等疑问词。

例1：

A 250   B 300   C 350   D 550

（大纲样卷第 28 题 ）

【录音文本】

女：马经理，这个餐厅怎么样？

男：好像有点儿小。这次会来两百五十位左右的客人。

女：没问题。这个餐厅最多能坐三百人。

男：是吗？那就这个吧。

问：餐厅最多能坐多少人？

【解析】

这道题中的"两百五十""三百"都是数字，而其中的"三百"是正确答案，"两百五十"以及其他选项中的数字都是干扰项。做这类题要求考生一定要听懂并记住每个数字分别对应什么内容。这道题中，"两百五十"对应的内容是"这次会来"，"三百"对应的内容是"最多能坐"，而问题问的正是"最多能坐多少人"，因此，正确答案是B。

例2：

A 8：00   B 8：30   C 9：00   D 9：30

（真题 H41003 第 30 题）

【录音文本】

　　女：你好，我是前台。

　　男：你好，我住八零七。楼下现在还有早饭吗？

　　女：对不起，早饭提供到九点。

　　男：明白了。谢谢你。

　　问：现在可能是几点？

【解析】

　　这是一道时间题。这段对话有两个数字，第一个是"我住八零七"中的807，根据"住"这个动词，考生可以判断这是一个房间号；第二个数字是时间9：00，根据女的说的话"对不起，早饭提供到九点"可以得知现在已经没有早饭了，那么现在的时间一定是九点以后。因此这道题的正确答案是D。

（2）答题攻略

　　①熟悉HSK（四级）考试大纲中与时间及数字相关的词语。通过分析整理，我们把HSK（四级）考试中与时间和数量相关的词语归纳如下：

类别	相关词语
数字	基数："一"至"十"、百、俩、两、零、千、千万、万 序数：第一 分数：百分之 倍数：半、倍
时间	按时、迟到、出发、春、从来、大概、大约、当、当时、等、点、冬、放假、放暑假、分、分钟、刚、刚才、过、过去、寒假、后来、及时、几、季节、将来、节日、今天、经常、久、开始、来不及、来得及、离开、礼拜六、礼拜天、马上、秒、明天、年、偶尔、平时、秋、去年、然后、日、上午、生日、时候、时间、世纪、首先、暑假、提前、同时、突然、推迟、晚上、往往、夏、下午、现在、小时、星期、学期、一会儿、一直、已经、以前、永远、月、暂时、早上、正好、正在、之后、之间、之前、中午、终于、周末、准时、总是、最后、最近、昨天

续表

类别	相关词语
年龄	年龄、年轻、岁
重量	公斤、轻、重
钱数	打折、房租、费、付、付费、付款、工资、购、购买、贵、花、还、价格、价钱、降价、奖金、奖学金、交、角、借、金钱、零钱、买、卖、毛、免费、便宜、收入、售、现金、信用卡、元、原价、折、赚、租、租金
长度	矮、长、短、高、个子、公里、近、距、距离、里、米、远
数量的变化	变化、多、加倍、减轻、减少、降、降低、降温、少、剩、下降、增、增多、增加
其他	差、差不多、超、超过、次、多少、估计、号码、量、年级、数量、数字、所有、许多、一点儿、一共

3. 身份与关系

(1) 题目特点

①考查考生对与身份关系相关的词语的掌握情况，如"经理、服务员、老师、亲戚、师生、夫妻"等。

②这类题目中有些人物的身份会在对话中直接出现，需要注意听回答的句子，并记录。有些不会直接出现人物身份或人物之间的关系，需要根据对话的地点、场景、说话的态度和语气等来判断。

③身份题的提问方式一般是："男的/女的是做什么的？"关系题的提问方式一般是："他们可能是什么关系？"

例1：

A 亲戚　　　　　B 同学　　　　　C 师生　　　　　D 同事

（真题 H41001 第 27 题）

【录音文本】

男：小李，刚才跟你说话的那个女孩儿是谁啊？

女：我大学同学，你认识？

男：应该不认识，但是好像在哪儿见过。

女：那你可能是在我的大学毕业照上见过吧。

问：那个女孩儿和小李是什么关系？

【解析】

这是一道关系题，在小李的答句中直接出现了答案"我大学同学"。此外，根据录音的最后一句"那你可能是在我的大学毕业照上见过吧"，也可判断出小李和女孩儿的关系是大学同学。因此这道题的答案是B。

例2：

A 校长　　　　　B 服务员　　　　　C 理发师　　　　　D 医院护士

（真题 H41001 第 32 题）

【录音文本】

女：先生，这是您的房卡，请拿好。

男：谢谢！我的行李箱在哪儿取呢？

女：我们一会儿直接送到您的房间。

男：谢谢，麻烦你们了。

女：不客气。

问：女的最可能是做什么的？

【解析】

这是一道身份题。首先，女的说话语气很客气，一直在用"您"

来称呼对方，说明她很尊敬男的。另外通过"这是您的房卡""我们
一会儿直接送到您的房间"可以推测对话发生在宾馆，那么女的应
该是宾馆的服务员。因此这道题的正确答案是 B。

（2）答题攻略

①熟悉 HSK（四级）考试大纲中与身份和关系相关的词语。归纳总结
如下：

表一：与身份相关的词语

身份	相关词语
导游	地图、旅程、旅行、旅游
售票员	长城、景点
律师	法律
翻译	大使馆、汉语、普通话、中文
作家	文章、小说、阅读、作者
服务员	宾馆、菜单、餐厅、饭店、先生、小姐
记者	报纸、广播、新闻、杂志
售货员	超市、打折、价钱、卖、免费、商场、商店、信用卡
顾客	付款、购买、购物、买、选购
司机	乘客、出租车、公共汽车、师傅
客人	茶、茶叶、欢迎、聚会、热情、邀请
校长、教授、老师、学生	报名、笔记本、毕业、表扬、博士、成绩、放假、放暑假、复习、鼓励、寒假、黑板、奖学金、教、教室、教育、考试、留学、年级、批评、请假、入学、申请、硕士、同学、图书馆、学期、学习、学校、研究、研究生、预习、专业、作业
警察	安全、保护、交通、警察局

续表

身份	相关词语
演员	表演、唱歌、电视、电视剧、电影、广告、京剧、跳舞、演出、艺术、著名
观众	比赛、参观、参加、观看、看
听众	广播
经理	办公室、公司、工资、管理、会议、生意、招聘
房东	房间、房租、租、租金
医生（大夫）、护士	打针、发烧、感冒、健康、咳嗽、生病、医院

表二：与人物关系相关的词语

关系词	相关词语
亲戚	阿姨、爸爸、弟弟、儿子、父母、父亲、哥哥、姐姐、妈妈、妹妹、母亲、奶奶、女儿、妻子、亲情、叔叔、孙女、孙子、爷爷
医生（大夫）与病人	打针、发烧、感冒、健康、咳嗽、生病、医院
朋友	干杯、见面、聚会、礼物、聊天、友情、友谊、约会
夫妻	爱、爱情、感情、结婚、妻子、丈夫
师生、同学	班、报名、毕业、表扬、成绩、放假、复习、鼓励、教、教室、教授、年级、批评、请假、学习、预习
邻居	帮忙、帮助、楼、旁边
同事	办公室、出差、传真、打印、电子邮件、复印、工资、工作、公司、加班、会议、奖金、请假、上班、收入、应聘

4. 心情与态度

这部分试题主要考查考生根据录音内容对说话人的心情、态度以及性格的判断。

（1）题目特点

①选项一般是表示人物心情或态度的词语，如"感动、激动、烦恼、得意、满意、紧张、快乐、羡慕、原谅"等。

②录音中一般不直接出现表示心情或态度的词语，而是通过反问句、惯用语等形式间接表达出说话人的态度或心情。

③提问时一般使用"态度、语气、感觉、心情"等词语，如：

说话人是什么语气？

说话人的态度是什么？

女的是什么心情？

男的是什么感觉？

例1：

A 太累　　　　　B 得意　　　　　C 感动　　　　　D 怀疑

（真题 H41003 第 28 题）

【录音文本】

女：我们去对面的商店看看吧。

男：我真的受不了你了，你到底还要逛多久？

女：我们才逛了一个小时。

男：时间过得真慢，和你逛街比上班还辛苦。

问：男的现在是什么感觉？

【解析】

这道题的四个选项分别代表了四种不同的感觉，问题句也是直接询问感觉的。考生在录音的最后一句中应该抓住关键信息，"比上班还辛苦"，这句话中的"辛苦"只能与选项 A "太累"相对应，因此这道题的正确答案是选项 A。

例 2：

A 同意　　　　　B 原谅　　　　　C 太麻烦　　　　D 十分满意

（真题 H41003 第 35 题）

【录音文本】

　　男：这些塑料盒子还有用吗？

　　女：没用了。

　　男：没用的东西就放垃圾桶里，别到处乱扔。

　　女：好吧，那我现在把房间整理一下。

　　问：女的是什么态度？

【解析】

　　这道题的四个选项分别代表四种不同的态度，提问方式也很直接。录音最后一句中的"好吧，……"是关键信息，表示女的同意男的说的话，因此这道题的正确答案是 A。

（2）答题攻略

①熟悉 HSK（四级）考试大纲中表示心情、态度和性格的词语。

类别	大纲词语
心情	抱歉、吃惊、担心、烦恼、放松、感动、高兴、害怕、激动、紧张、开心、快乐、难过、难受、轻松、伤心、失望、无聊、兴奋、幸福、愉快、着急
态度	得意、反对、放弃、放心、感谢、关心、后悔、怀疑、骄傲、可怜、可惜、恐怕、冷静、礼貌、满意、耐心、热情、认真、讨厌、同情、喜欢、羡慕、相信、友好、原谅、愿意、重视、仔细、尊重
性格	诚实、聪明、粗心、害羞、活泼、可爱、浪漫、马虎、细心、勇敢、幽默、自信

②掌握常用反问句的用法

反问句	例句	含义
不（是）……吗？	你不知道今天休息吗？	你应该知道今天休息。
没……吗？	你没看过这本书吗？	你应该看过这本书。
怎么……？	你来中国已经两年了，怎么还不习惯呢？	你来中国已经两年了，应该习惯了。
哪……？	你哪知道我的痛苦啊？	你不知道我的痛苦。
难道……？	你难道忘了吗？明天是我的生日。	你不应该忘记，明天是我的生日。

③熟悉常用惯用语的意思

惯用语	含义	例句
怎么搞的	不满意	你是怎么搞的？论文里都是错字。
没劲	没有意思	这部电影真没劲。
可不是嘛	同意	可不是嘛，今天的天气是很冷。
那怎么行	不同意	那怎么行？这件事我绝对不能答应你。
够呛（qiàng）	比较困难	下这么大雨，看来爬山是够呛了。
开什么玩笑	不可能	我和他谈恋爱！你开什么玩笑啊？

5. 活动与主题

这部分考题要求考生根据录音，判断说话人已经、正在或者打算做的事，或者说话人正在谈论的内容主题。

（1）题目特点

①选项一般是由动词和名词组成的动宾结构，此外，主题类考题的选项中也有一部分名词或者名词性词组。

②录音中一般不直接出现说话人所做的事或所讨论的事情，而是通过一

些相关词语的表达，使考生获得信息，选择答案。

③提问时一般使用"动词＋什么"的格式，如：

他们正在做什么？

男的打算去做什么？

他们在谈论什么？

女的在找什么？

这段对话是关于什么内容的？

例1：

A 点菜   B 买饺子

C 介绍新菜   D 决定去哪儿吃

（大纲样卷第32题）

【录音文本】

女：你常来这家小吃店吗？

男：对，我几乎每个礼拜都来。

女：既然你这么熟，那你点吧。

男：没问题，保证你喜欢。

问：女的让男的做什么？

【解析】

这道题的四个选项都是动宾词组，问题问的是女的让男的做什么，因此考生要在女的说的话中找到她让男的做的事情。录音第一句中的"这家小吃店"表明了对话发生的地点——饭馆，第三句中的"那你点吧"，则直接表明了女的要男的做的事——点菜。所以正确答案是A。

例2：

A 出差了   B 车坏了   C 迷路了   D 在睡觉

（大纲样卷第31题）

85

【录音文本】

男：你知道小蓝去哪儿了吗？她的手机一直占线。

女：她出差了。你找她有事？

男：她的自行车钥匙在我这儿。

女：她就住我家附近，我帮你给她吧。

问：关于小蓝，可以知道什么？

【解析】

问题中的"关于小蓝"，点明了这道题的主题人物——小蓝，这是一道"活动与主题"类型的题目。因此，考生应该关注与主题人物小蓝有关的信息。由录音中的"她出差了"可以得出正确答案是A。对话后两句说明，小蓝的自行车只是借给对话中的男的了，男的要来找她还钥匙。小蓝的自行车并没有坏，因此排除干扰项B。C和D在录音中并没有提到，也应排除。

（2）答题攻略

①熟悉 HSK（四级）考试大纲中与活动和主题相关的词语。具体如下：

活动及主题	相关词语
学习	报名、毕业、博士、复习、奖学金、看书、考试、老师、留学、年级、去图书馆、去学校、入学、上课、硕士生、同学、下课、写汉字、写文章、写作业、研究生、预习、阅读
工作	迟到、出差、传真、传真机、打印、打印机、电子邮件、复印、复印机、工资、公司、会议、加班、奖金、经理、请假、上班、收入、同事、应聘、招聘
娱乐	参加聚会、唱歌、观看比赛、过周末、画画儿、喝咖啡、看报纸、看表演、看电视、看电视剧、看电影、看杂志、聊天、旅游、去公园、弹钢琴、跳舞、听广播、听京剧、散步、玩儿游戏、约会

续表

活动及主题	相关词语
运动	参加比赛、打篮球、打乒乓球、打网球、打羽毛球、锻炼、爬山、跑步、骑自行车、踢足球、游泳
购物	打折、付款、购买、逛超市、逛商场、逛商店、贵、号码、价格、价钱、降价、买东西、买礼物、免费、牌子、便宜、试衣服、售、瘦、现金、信用卡、颜色、样子、原价
日常生活	吃饭、抽烟、存钱、打扮、打电话、打扫、打招呼、道歉、点菜、堵车、发短信、喝饮料、还东西、还钱、寄信、减肥、借东西、借钱、开玩笑、看菜单、买信封、取钱、去银行、去邮局、上网、睡觉

②浏览选项，猜一猜这道题可能是说什么的。如果四个选项都是动词或动宾词组，那么这道题很可能是问关于活动的内容；如果四个选项都是名词或名词性词组，那么这道题问的很可能是内容主题。

③注意捕捉录音中的动词，看一看是否与选项中的动词一致。

④注意听录音中的第一句，一般关于主题的考题，录音中的第一句话都是很关键的。

（二）短文题

总攻略口诀

试音例题不多听，抓紧时间看选项。

内容猜出七八分，录音一放轻松听。

细节用笔逐项记，开头结尾大意找。

平心静气慢慢做，方法得当错误少。

1．提前浏览，有备而听

在录音读例题和题目要求时，请快速地看试卷上的 A、B、C、D 选项。看看选项中出现的词语，留下印象，在听短文的时候，重点关注这些词语。有些问题的答案可能会在短文中直接出现，有所准备有利于考生听到答案时立刻做出反应。

例1：

1. A 两次　　　　B 三次　　　　C 四次　　　　D 五次
2. A 空气不好　　　　　　　B 房子太旧
   C 环境不好　　　　　　　D 上学太远

【录音文本】

　　孟子是中国古代著名的思想家，但是他小时候很喜欢玩儿，不努力学习。他的妈妈为了能给他一个好的学习环境，让他受到好的影响，先后搬了三次家，最后住在了一家学校的旁边，从此，孟子学习非常认真。这就是"孟母三迁"的故事。

　　1．孟子的妈妈一共搬了几次家？

　　2．孟子的妈妈为什么要搬家？

【解析】

　　通过浏览第1题的四个选项，可以知道短文中要出现有关次数的内容，因此考生应该准备好重点听数字；第2题的四个选项则都与某个地方的特点有关，因此考生要准备好重点听文章中出现的地点及其特点的描述。有了这两个心理准备，就是有备而听。文章中有两处出现了数字："搬了三次家"和"孟母三迁"。因此，第1题的正确答案是B。第2题是一道整体理解题，但如果有了刚才的心理准备，就可以通过"搬家""好的学习环境"概括出搬家的原因是"环境不好"。选项C正确。

例2：

1. A 手　　　　　B 书　　　　　　C 本子　　　　　　D 苍蝇拍
2. A 苍蝇飞走了　　　　　　B 苍蝇死了
　　C 他累了　　　　　　　　D 苍蝇不一样

【录音文本】

　　一个人正在开会，发现一只苍蝇在他周围飞来飞去。他先用手打了几次都没打到。后来苍蝇飞到他面前的桌子上停下来，他拿起旁边的书，正要用力拍下去的时候，突然停住了。旁边的人问他："为什么不打了？"他说："这不是刚才那只。"

　　1. 这个人最后用什么打苍蝇？
　　2. 他为什么不打了？

【解析】

　　通过浏览选项，可以知道这篇短文是关于"苍蝇"的故事。在听的同时，要用耳朵搜寻选项中所出现的内容。第1题的四个选项是四个名词，短文中先出现了"手"，然后出现了"书"。而问题句是"最后用什么打苍蝇"，根据这两个名词出现的先后顺序，可以确定最后这个人是用书在打苍蝇，因此正确答案是B。第2题为理解题，在提前浏览选项的基础上，使用排除法，录音中没有出现A、B、C三项，因此正确答案是D。

例3：

1. A 看书　　　　B 画画儿　　　　C 跳舞　　　　　D 书法
2. A 倩倩和巧巧长得很像　　　B 巧巧喜欢唱歌
　　C 倩倩喜欢跳舞　　　　　　D 老师很喜欢她们

【录音文本】

　　倩倩和巧巧是一对姐妹。她们长得很像，但性格却不同，倩倩喜欢安静，巧巧喜欢热闹。倩倩常常去图书馆看书，或者到河边画画儿。巧巧却对唱歌跳舞感兴趣。不过，她们都很努力，都是老师眼中的好学生。

　　1. 下面哪项是巧巧的爱好？

　　2. 下面哪项不正确？

【解析】

　　对于这两道题来说，提前浏览选项是非常重要的。通过浏览可以了解到短文中会出现两个人物，并且会提到这两个人物的兴趣爱好。因此，在听的时候就要注意对这两个人物兴趣爱好的描写。第1题的答案为 C。第2题难度稍大，因为需要排除信息正确的选项，这要求考生有边听边记的习惯，听完问题之后一一确认，最后确定选项 C 是正确答案。

2. 分析选项，预测问题

做短文题时，预测问题也是一个关键的解题技巧。在上面所说的快速浏览选项的同时，预测问题，带着问题听录音。

例1：

1. A 三种　　　　B 四种　　　　C 两种　　　　D 许多种

2. A 茶的种类　　　　　　　B 茶的作用

　　C 茶是一种中国的饮料　　D 茶的重要性

【录音文本】

　　茶，自古以来可以说是中国人最喜欢的饮料。人们经常饮用的茶可以分为绿茶、红茶、花茶几种。由于它在生活中的重要性，古代人们把它当作结婚的礼物，后来我们用它招待重要的客人。它已经成为中国人生活中不可缺少的一样东西。

　　1. 在这段话中把茶分为几种？

　　2. 这段话主要想告诉我们什么？

【解析】

　　根据第2题的选项，很容易预测出这是一篇关于茶的短文。那么，第1题就很可能是问茶的种类，而第2题的四个选项分别提到茶的四个方面，由此可以推测这道题是问短文主要内容的。对问题有了基本的推测，就更容易注意到关键内容。第1题的答案可以从录音的第二句中得到，根据"可以分为绿茶、红茶、花茶"，考生可以知道正确答案是A。第2题的答案在录音的第三句和第四句，根据"由于它在生活中的重要性"及"它已经成为中国人生活中不可缺少的一样东西"两句话可以判断这道题的正确答案是D。

例2：

1．A 爱吃热的　　B 爱吃辣的　　　C 爱吃甜的　　　D 爱吃咸的

2．A 很热　　　　B 常常下雨　　　C 阴冷　　　　　D 潮湿

【录音文本】

　　四川人爱吃辣的，几乎每种菜里都有辣椒。这种习惯和四川的天气有关系。人们常说"下雨像过冬""天无三日晴"，这两句话说出了四川多雨而且一下雨就特别冷的特点。在这样的天气吃辣的，全身会感觉到热乎乎的，对身体很有好处。

　　1. 四川人吃饭有什么习惯？

　　2. 下面哪项不是四川天气的特点？

【解析】

通过第1题的四个选项可以预测出问题是有关吃饭的喜好的。录音的第一句就出现了"四川人爱吃辣的",与选项 B 的意思符合,因此这道题的正确答案是 B。通过第 2 题的四个选项则可预测出问题是有关天气的。考生在听的时候应当重点关注和天气相关的信息。听完问题后要注意问的是"不是四川天气的特点",则将刚刚听到的相关描述一一排除,最后确定答案。解答这道题还有一个技巧:如果考生熟悉"潮湿"和"阴冷"两个词,就知道它们与"常常下雨"有一定关系,因此"很热"与其他三项差别很大,可以推测这一项是正确答案。

例3:

1. A 700 年　　　　B 1700 年　　　C 1000 年　　　D 200 年
2. A 增长知识　　　B 锻炼身体　　　C 美化环境　　　D 治疗疾病

【录音文本】

抖空竹是中国的一项传统民间游戏。它的历史至少有1700 年了。现在仍然有很多人喜欢玩儿。它可以锻炼人的大脑、四肢,对眼睛也有好处,可以说是一种锻炼全身的活动,因此它还可以预防一些常见病。

　　1. 抖空竹有多少年历史了?

　　2. 抖空竹的好处有什么?

【解析】

通过第1题的四个选项可以预测出这是一个问时间的题。在录音中只出现了一个时间"1700 年",因此可以判断正确答案是B。通过第2题的选项可以预测出这是一个问某种活动好处的题。

录音最后一句提到了抖空竹"是一种锻炼全身的活动"，与选项 B 的意思吻合，因此这道题的正确答案是 B。选项 D 有一定的干扰性，录音中提到的是"预防"而不是"治疗"，考生要注意区分。

3. 记叙说明，边听边记

记叙和说明类的短文往往会有时间、地点、特征等细节描述，也常会出现一些数字。这时，要抓住与问题相关的关键词。为了避免信息点互相干扰，我们要耳、手、脑相结合，用耳听、用手记、用脑选。而且，记，并不是盲目地记，而是要用一种最适合自己的方法快速简单地把最主要的信息记录下来。比如，有的同学觉得写汉语很慢就可以用汉语拼音记录，或用自己国家的语言记录，这些方法都可以，只要保证自己能够看明白就可以了。

例 1：

1. A 120 岁　　　　B 69 岁　　　　C 60 岁　　　　D 80 岁

2. A 人的寿命是 120 岁

   B 发达国家比发展中国家人口寿命长

   C 科学家的结论不对

   D 人的实际寿命比自然寿命短得多

【录音文本】

多数科学家经过反复研究得出结论：人类的自然寿命为 120 岁。但由于种种原因，目前世界人口平均寿命约为 69 岁，其中发展中国家平均寿命约为 60 岁，而发达国家则接近 80 岁。

1. 根据这段话，世界人口平均寿命是多少？

2. 这段话的主要意思是什么？

【解析】

　　录音中出现了四个数字，这道题就需要使用边听边记的方法了。数字与内容的对应关系分别为：

　　　　人类自然寿命——120 岁

　　　　世界人口平均寿命——69 岁

　　　　发展中国家人口平均寿命——60 岁

　　　　发达国家人口平均寿命——近 80 岁

　　根据以上对应关系，可以轻松地判断出第 1 题的正确答案是 B，第 2 题的正确答案是 D。

例 2：

1. A 学校　　　　　B 银行　　　　C 飞机上　　　　D 火车上

2. A 12 小时 50 分钟　　　　　B 20 小时 45 分钟

　　C 14 小时 05 分钟　　　　　D 22 小时 30 分钟

【录音文本】

　　女士们，先生们：欢迎您乘坐中国国际航空公司航班前往加拿大。本次飞行的飞行距离是 10611 公里，预计空中飞行时间是 14 小时零 5 分钟。飞行高度 9600 米，飞行速度平均每小时 800 公里。

　　1. 说话人可能在哪儿？

　　2. 到加拿大要多长时间？

【解析】

　　这题中出现了很多复杂的时间和数字，其中有一些是干扰项，因此考生必须一一记录。

　　　　飞行距离——10611 公里

　　　　飞行时间——14 小时 05 分钟

飞行高度——9600 米

飞行速度——800 公里

根据反复出现的关键词"飞行"，可以推断说话人在飞机上，因此第 1 题的正确答案是 C。根据对应项目的第二条"飞行时间——14 小时 05 分钟"，可以知道到加拿大需要 14 小时零 5 分钟，因此第 2 题的正确答案是 C。

例 3：

1. A 一百多块钱   B 三百多块钱

 C 四百多块钱   D 二百多块钱

2. A 黄金涨价了   B 全国黄金消费 761.05 吨

 C 黄金消费增长了 32% D 人们很喜欢黄金

【录音文本】

短短几年的时间，黄金的价格从一百多块钱一克涨到了现在的四百多块，但是，昂贵的价格却不能阻挡人们对它的喜爱。2011 年，全国黄金消费量 761.05 吨，比上年增加 189.54 吨，同比增长 33.2%。

1. 黄金大概比以前贵了多少钱？

2. 这段话主要告诉我们什么？

【解析】

这也是一篇数字较多的录音，考生不但要记录数字及对应项，而且第 1 题还需要做一个简单的计算。

以前的价格——100 多块 消费量 761.05 吨

现在的价格——400 多块 增加 189.54 吨

同比增长 33.2%

根据以上的数字对应关系，可以知道黄金的价格上涨了 300 多块钱，因此第一题的正确答案是B。第2题问的是这段话的大意，首先根据记录下来的数字可以先排除选项C，剩下的三项信息都是正确的，但总结这段话大意的是选项D，A项和B项都是D项的具体表现，正确答案是D。

4．议论短文，注意两头

这类文章的主题句一般在段首或段尾，考生应集中注意力听清主题句，即作者的观点态度以及支撑其观点的事实和数据。

例1：

1．A 兴趣　　　　B 自信心　　　　C 鼓励　　　　D 肯定

2．A 老师应该多鼓励学生　　　　B 每个人都希望被别人肯定

　　C 孩子应该有自信心　　　　D 兴趣是最好的老师

【录音文本】

　　鼓励能帮助孩子建立自信心，产生兴趣，兴趣是最好的老师，而自信心能帮助孩子进步得更快，学得更好。每个人都渴望被别人肯定，为了这种渴望可以付出许多。我觉得做老师，千万不能忘记对学生的鼓励与肯定。

　　1．什么能帮助孩子建立自信心？

　　2．这段话主要告诉我们什么？

【解析】

　　这段话第一句中的"鼓励能帮助孩子建立自信心……自信心能帮助孩子进步得更快，学得更好"是这段话的中心意思，说明老师应该鼓励孩子，这样孩子才能有自信，因此第1题的正确答案是C。短文的最后一句也是主题句，"千万不能忘记对学生的鼓励与肯定"说明老师应该多鼓励学生，因此第2题的正确答案是A。可以看出这类题目的首尾句很重要，题目的答案多集中在首尾句。

例 2：

1．A 北京　　　　B 泰山　　　　C 长城　　　　D 故宫
2．A "不到长城非好汉"的含义　B 一定要去长城
　　C 要成为好汉　　　　　　　D 登长城很难

【录音文本】

　　"不到长城非好汉"是说不登上长城就不能算是真正的好汉。为什么这样说呢？是因为长城又高又险，因此登长城不是一件容易的事。现在也用这句话比喻如果不能克服困难达到目的，就不是英雄。

　　1．去过哪儿才能成为真正的好汉？

　　2．这段话告诉我们什么？

【解析】

　　这段话的第一句是主题句，"不到长城非好汉"说明只有去过长城才能成为真正的好汉，因此选项 C 是第 1 题的正确答案。第 2 题为总结归纳题，整段话都在解释说明"不到长城非好汉"的意思，因此正确答案是 A。

例 3：

1．A 座位上　　　　　　　B 儿童安全座椅上
　　C 家长抱着　　　　　　D 随便放
2．A 不能把孩子放在座位上
　　B 不能把孩子抱在怀里
　　C 汽车儿童安全座椅可以让孩子更安全
　　D 让孩子坐汽车很危险

【录音文本】

　　汽车儿童安全座椅是在行车过程中对儿童人身安全的一个很好

的保护。但是目前有一些家长并没有认识到它的重要性，随便将孩子放在座位上，或者抱在怀里，这是很危险的。

　　1. 应该把孩子放在汽车上的什么位置？

　　2. 这段话想要说明什么？

【解析】

　　第一句话是这段话的主题句，"汽车儿童安全座椅是在行车过程中对儿童人身安全的一个很好的保护"，说明孩子在汽车中应该坐在安全座椅上，因此第1题的正确答案是B，第2题的正确答案是C。

　　最后，还想建议大家，除了掌握以上告诉大家的考试方法和技巧以外，还要在平时广泛学习和阅读各类文章，多了解中国文化和当代社会，丰富自己的知识。这样，对通过考试和提高汉语水平都会非常有帮助。

四、专项练习题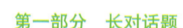

第一部分　长对话题

（一）地点与场所

1. A 超市
   B 电影院
   C 宾馆
   D 饭馆

2. A 北京
   B 上海
   C 大连
   D 家里

【录音文本】

1. 女：刚坐下，你怎么又要出去？
　　男：我有点儿渴，想去买瓶饮料。
　　女：电影马上就要开始了，你还是别去了。
　　男：没事，门口有个小超市，电影开始前我能回来。
　　问：他们最可能在哪儿？

2. 女：北京这两天热极了，你那边天气怎么样？
　　男：上海也热得很，每天气温都在三十四五度。
　　女：那暑假咱们去哪儿旅行呢？
　　男：要不去大连吧，听说那里很凉快。
　　问：男的现在在什么地方？

沿虚线折一下

3．A 商场
  B 饭馆
  C 超市
  D 学校

4．A 公司
  B 家里
  C 医院
  D 宾馆

5．A 飞机场
  B 书店
  C 商场
  D 火车站

6．A 家里
  B 学校
  C 公司
  D 饭馆

7．A 经理室
  B 复印室
  C 会议室
  D 办公室

【录音文本】

3.男：请问这件大衣怎么卖？
 女：原价1500。不过最近快到新年了，我
   们这里全部服装都打八折。
 男：有黑色的L号的吗？
 女：您稍微等一会儿，我去看看。
 问：他们现在在什么地方？

4.男：医生，我明天能出院吗？公司里还有
   一大堆事情等着我呢。
 女：明天？那怎么可能？你昨天还发烧呢。
 男：每天只能在床上躺着，真没意思！
 女：别着急，你还是先把药吃了吧。
 问：男的最有可能在哪儿？

5.男：请问有去上海的火车票吗？
 女：有一趟是早上8点出发的，比较慢。还
   有一趟快车，不过晚上9点才出发。
 男：价钱一样吗？
 女：慢车便宜点儿。
 男：那我买一张早上出发的。
 问：男的现在最有可能在哪儿？

6.女：喂，都几点了？你怎么还不回家啊？
 男：我忙着整理班里学生的材料，忘了给
   你打电话了。
 女：带回家整理不行吗？
 男：办公室能打印。我晚点儿回去，你先
   吃饭吧。
 问：男的现在在哪儿？

7.男：小王，开会的资料都复印好了吗？
 女：糟了，刚才去经理室了，一忙就把复
   印的事忘了。
 男：我现在去会议室，你复印好赶快送
   过来。
 女：好的。
 问：女的一会儿要去哪里？

沿虚线折一下

99

8. A 饭馆
   B 超市
   C 银行
   D 医院

9. A 公共汽车上
   B 路口
   C 银行里
   D 出租汽车上

10. A 银行
    B 超市
    C 家里
    D 学校

【录音文本】

8. 女：您好，欢迎光临。想吃点儿什么？这是菜单。
   男：上次我在这里吃过一次牛肉，挺不错的。来一份。
   女：抱歉先生，今天的牛肉都卖光了。我们这里的饺子也很有特色。
   男：是吗？那来一盘饺子吧。
   问：男的可能在哪儿？

9. 女：师傅，我在前边的银行门口下车。
   男：好。过了这个路口，我靠右边停车，您再下。
   女：行。多少钱？
   男：不着急，车停了再付钱。
   问：女的现在在哪里？

10. 男：妈，我爸刚来电话了，说下班后他要先去趟银行再回家。
    女：这可怎么办呢？我还想让他去超市买鸡蛋呢。
    男：买多少？我去吧。
    女：哎，算了，你还是写作业吧，我换个菜。
    问：女的现在在什么地方？

沿虚线折一下

（二）时间与数字

1. A 星期六八点半

   B 星期日八点半

   C 星期六八点

   D 星期日八点

2. A 1 月 13 号

   B 1 月 18 号

   C 1 月 17 号

   D 1 月 20 号

3. A 今年

   B 去年

   C 前年

   D 刚买的

4. A 500 块

   B 300 块

   C 280 块

   D 20 块

5. A 25 岁

   B 22 岁

   C 32 岁

   D 30 岁

【录音文本】

1. 男：星期六是八点半集合去长城吗？

   女：你还不知道？时间改了。

   男：那什么时候去？

   女：天气预报说明天下雨，所以改到后天了。

   问：他们什么时候去长城？

2. 男：老师，什么时候考试？

   女：1月13号到17号。

   男：什么时候放寒假？

   女：考完试第三天开始放寒假。

   问：几号开始放寒假？

3. 女：这件衣服去年刚买的，今年再穿就不好看了。

   男：是前年买的吧？

   女：不是，前年买的是那件蓝的。这件是红的。

   男：你的衣服太多了，我可记不住。

   问：红的衣服是什么时候买的？

4. 男：这条裙子300块已经很便宜了，原来卖500块的。

   女：就剩最后一条了，再便宜点儿吧。

   男：那只能再少20块。

   女：少20就少20吧，谁让我喜欢呢。

   问：这条裙子多少钱？

5. 女：时间过得真快，我们已经十年没见了。

   男：是啊，可是你一点儿都没变。

   女：怎么会啊？那时候才22岁。

   男：真的，刚才同学们都这么说来着。

   问：女的今年多大了？

6. A 半个小时

   B 两个小时

   C 一个小时

   D 一个半小时

7. A 10 人

   B 11 人

   C 15 人

   D 22 人

8. A 15 块

   B 5 块

   C 20 块

   D 10 块

9. A 7：50

   B 8：10

   C 7：30

   D 7：55

10. A 3 楼

    B 10 楼

    C 18 楼

    D 15 楼

【录音文本】

6. 男：明天你们怎么去北京？

   女：我们打算开车去。

   男：还不如坐动车，半个小时就到了，开车要两个多小时。

   女：是吗？买票方便吗？

   男：很方便。

   问：到北京最快要用多长时间？

7. 男：今年你们班的同学有哪些国家的？

   女：有二分之一都是美国人。另一半有韩国的、日本的，还有俄罗斯的。

   男：你们班一共多少人？

   女：22 个人。

   问：女的班里有多少美国人？

8. 女：这种苹果怎么这么贵？10 块钱一斤？

   男：你没看清楚，不是一斤，是一公斤。

   女：哦，原来是这样。买点儿吧？

   男：行，你看吧。

   问：这种苹果多少钱一斤？

9. 女：能不能再开快点儿？来不及了。

   男：已经是最快的速度了，你们几点见面？

   女：我们定的八点。

   男：已经迟到了，就别着急了。

   问：现在可能几点？

10. 女：听说你搬家了？

    男：是啊，我以前住得太高了。现在搬到 3 楼了，很方便。

    女：不是有电梯吗？

    男：有是有，可是电梯一坏就得走着上 18 层。太累了！

    问：男的以前住几楼？

沿虚线折一下

（三）身份与关系

1. A 服务员
   B 经理
   C 医生
   D 老师

2. A 老师和学生
   B 同事
   C 同学
   D 兄妹

3. A 服务员
   B 医生
   C 护士
   D 公司职员

4. A 老板
   B 雇员
   C 司机
   D 警察

5. A 餐馆服务员
   B 银行职员
   C 商店的售货员
   D 汽车售票员

【录音文本】

1. 男：怎么了？哪儿不舒服？
   女：头疼，还有点儿发烧。
   男：感冒了，我给你开点儿中药吧。
   女：好的，谢谢！
   问：男的可能是什么人？

2. 男：晚上我请你看电影吧。
   女：咱们老师留的作业明天还得交呢。
   男：那周末再请你吧。
   女：好！
   问：他们是什么关系？

3. 女：您需要点儿什么？
   男：我感冒了，想吃碗热面条。
   女：好的，还要点儿别的吗？
   男：不用了，谢谢！
   问：女的可能是什么人？

4. 女：请出示您的驾照！
   男：有什么问题吗？
   女：您超速了，要罚款扣分。
   男：啊？我下次一定注意，这回就算了吧。
   问：女的是干什么的？

5. 男：我想换500美元的人民币。
   女：好的，请稍等。先填这张表。
   男：填好了，给您。
   女：这是您的钱，请拿好。您还需要别的帮助吗？
   男：不用了，谢谢！
   问：女的可能是什么人？

沿虚线折一下

6. A 老师
   B 老板
   C 经理
   D 导游

7. A 师生
   B 同事
   C 同学
   D 夫妻

8. A 老板和职员
   B 丈夫和妻子
   C 售货员和顾客
   D 母亲和儿子

9. A 朋友
   B 夫妻
   C 服务员和顾客
   D 司机和乘客

10. A 朋友
    B 邻居
    C 夫妻
    D 亲戚

【录音文本】

6.男：各位游客，天后宫游览完了。现在大家可以自由活动了。
  女：我们什么时候集合呢？
  男：给大家一个小时的自由活动时间，然后在停车场集合。
  女：好的。
  问：男的可能是什么人？

7.男：张老师，你们班的考试成绩出来了吗？
  女：出来了，大部分都考得不错，只有两个不及格。你们班呢？
  男：明天就能出来了，不过可能没有你们好。
  女：不会的。
  问：他们是什么关系？

8.女：您想要点儿什么？
  男：这个打折吗？
  女：打六折。
  男：那来两件吧！
  问：他们是什么关系？

9.女：我能借一下您家的汽车吗？
  男：真不巧，我爱人刚开走。
  女：我不是现在用，明天用。
  男：没问题，她回来就给您送过去。
  问：他们是什么关系？

10.女：你说咱们的孩子是像你还是像我？
   男：我觉得长得比较像我。
   女：不，我觉得还是像我，一样地漂亮。
   男：是吗？
   问：他们是什么关系？

沿虚线折一下

（四）心情与态度

1. A 同意

   B 反对

   C 不关心

   D 难过

2. A 得意

   B 兴奋

   C 难过

   D 烦恼

3. A 幽默

   B 诚实

   C 勇敢

   D 可爱

4. A 感谢

   B 羡慕

   C 反对

   D 同意

5. A 满意

   B 可惜

   C 同情

   D 原谅

【录音文本】

1. 女：小张才工作了一年，就当上经理了。

   男：是挺让人羡慕的。

   女：听说，她明天就要到上海的分公司工作了。

   男：去就去吧，人家怎么样跟我也没什么关系。

   问：男的是什么态度？

2. 女：老王今天又找我借钱了。

   男：他这人也真是的！

   女：而且他上次借的钱到现在还没还呢。

   男：什么！

   问：女的的心情怎么样？

3. 女：孙教授，能给我们介绍一下您的成功经验吗？

   男：也没有什么特别的，我觉得一是刻苦努力，二是虚心好学。

   女：那您觉得自己最大的优点是什么呢？

   男：勇敢，勇敢面对生活中的一切。

   问：孙教授的性格有什么特点？

4. 女：女儿说一定要考音乐学院，你说怎么办呢？

   男：好好儿劝劝她，还是让她学经济吧。

   女：她说自己的未来要自己决定。

   男：这么重要的事情怎么能让她一个孩子决定呢？

   问：男的是什么态度？

5. 男：这部电影的女演员真漂亮！

   女：男演员也很帅啊！而且演得也不错。

   男：怪不得大家都争着去看呢。

   女：可不是嘛！

   问：女的对这部电影有什么感觉？

沿虚线折一下

6. A 得意
   B 紧张
   C 吃惊
   D 着急

7. A 诚实
   B 害羞
   C 活泼
   D 浪漫

8. A 认真
   B 怀疑
   C 可怜
   D 原谅

9. A 可惜
   B 反对
   C 满意
   D 同意

10. A 伤心
    B 可惜
    C 激动
    D 紧张

【录音文本】

6. 女：海洋馆是在前边吗？怎么走了半天还没到啊！
男：方向应该没错，估计再走几分钟就到了。
女：看来咱们是赶不上十点的动物表演了。
男：没事，一个半小时后还有一场呢。
问：女的现在心情怎么样？

7. 女：李明，下周学校有个乒乓球比赛，给你报个名，怎么样？
男：哎呀，不行不行。
女：你不是从很小就开始练习了吗？
男：可是最近几年我一直没打过，而且在同事们面前打球我还真有点儿不好意思。
问：男的是什么性格？

8. 男：听说你们公司要招聘三名工程师。
女：是啊，而且招聘工作就是由我来负责的。
男：那太好了！咱们是老同学，你能不能照顾照顾我啊？
女：那恐怕不行，因为我是代表公司和你谈话的。
问：女的对男的是什么态度？

9. 男：你一个人对着电脑看什么呢？
女：网上正在讨论中学生的课业负担问题。
男：都说现在的孩子幸福，其实我看他们的学习压力这么大，也挺辛苦的。
女：谁说不是呢？
问：女的是什么意思？

10. 男：你干什么呢？怎么这么早就收拾行李？
女：我想考完试就回国，当然要提前动手了。
男：时间过得真快，我们已经学习了一年了。
女：是啊，我终于可以见到爸爸妈妈了！
问：女的的心情怎么样？

（五）活动与主题

1. A 游泳
   B 逛街
   C 开会
   D 旅游

2. A 饮食
   B 健康
   C 购物
   D 花费

3. A 写信
   B 写总结
   C 写计划
   D 翻译文章

4. A 参观人数
   B 考试环境
   C 参加人数
   D 讲座场地

5. A 考试
   B 放假
   C 参观
   D 旅游

【录音文本】

1. 女：喂，你好！请问李老师在吗？
   男：哦，她昨天刚走，去上海旅游去了。
   女：那她什么时候回来啊？
   男：大概这周周末吧。
   女：哦。那我下周再跟她联系吧。再见。
   男：再见。
   问：李老师去做什么了？

2. 女：这个月我体重又增加了5斤，真是愁死人了！
   男：咱们的饮食习惯是该改改了。
   女：从明天开始，咱们晚上只吃蔬菜，不吃肉，怎么样？
   男：我看可以，就这么定了。
   问：他们在谈论什么？

3. 女：都下班了，你怎么还不走啊？
   男：经理让我明天交个总结，我正考虑着呢。
   女：总结？哪方面的？
   男：产品标准方面的。
   问：经理让男的做什么？

4. 男：明天的讲座有多少人参加？
   女：大概二百人吧。
   男：这个教室的座位够吗？是不是换到旁边的报告厅去更好？
   女：不用了。这个教室能坐得下三百人呢。
   问：他们在谈论什么？

5. 男：有空儿欢迎来我公司参观。
   女：好的。不过最近工作有点儿忙。
   男：没事，等你闲下来再说。最近忙什么呢？
   女：快放假了，学校正安排考试呢。
   问：女的最近在忙什么？

沿虚线折一下

6. A 经济问题
   B 旅游问题
   C 交通问题
   D 住房问题

7. A 鞋
   B 裙子
   C 裤子
   D 衬衫

8. A 等车
   B 坐车
   C 上课
   D 上班

9. A 找笔记本
   B 通知小李
   C 找电话
   D 给经理打电话

10. A 访问
    B 看病
    C 回房间
    D 拿行李

【录音文本】

6. 女："十一"我们去海南岛旅游怎么样？
   男：好是好，可是一想到经济、交通、住房等问题，我就很担心。
   女：倒也是，还不如在家看看旅游频道呢。
   男：遇到这么点儿困难就放弃了，真是的！
   问：他们在谈论什么？

7. 女：先生，您好！您想买点儿什么？
   男：我想试试这条。
   女：这条是今年的新样子，很受欢迎的。
   男：嗯，不长不短正合适，颜色样子我也很喜欢，就买它吧。
   问：他们在谈什么？

8. 女：这辆车人也这么多，真讨厌！
   男：别着急，离上课还有半个小时呢。
   女：现在是上班时间，坐车的人肯定多，要是再坐不上车咱们就该迟到了。
   男：这样吧，后边这辆如果人还多，咱们就坐出租汽车。
   问：他们在做什么？

9. 女：你见到我的笔记本了吗？昨晚我就放在桌子上了啊。
   男：急什么？先吃饭吧。
   女：那上边有小李的电话，刚才经理给我打电话，让我通知他明天一早去北京。
   男：那你再看看，是不是掉在桌子下边了。
   问：女的想干什么？

10. 男：这是您的房间，行李已经放好了。请问您还有什么事吗？
    女：请问这里最大的医院在哪儿？
    男：怎么，您不舒服吗？
    女：不是的。我是一个记者，想去医院做个访问，了解一些情况。
    问：女的想做什么？

沿虚线折一下

第二部分　短文题

1. A 打太极拳　　B 唱歌
　 C 看电影　　　D 跑步

2. A 健身房很有意思
　 B 在健身房可以减肥
　 C 健身最好找专业教练
　 D 健身房里人很多

3. A 花钱少　　　B 节省时间
　 C 不累　　　　D 东西多

4. A 年轻人
　 B 老年人
　 C 年轻人和老年人
　 D 中年人

5. A 十年　　　　B 快五年了
　 C 快十五年了　D 二十多年了

6. A 可以上网聊天
　 B 上了好中学
　 C 工作不错
　 D 有个好朋友

【录音文本】

第1到2题是根据下面一段话：

很多人喜欢去健身房锻炼身体。在那里可以跑步、减肥，有的健身房还可以游泳、打乒乓球什么的。但如果你想按照自己的身体情况进行科学的锻炼，最好请一位专业的教练。这样既不伤害身体，又能达到自己的目的。

1. 在健身房里可以做什么？
2. 这段话想告诉我们什么？

第3到4题是根据下面一段话：

现在，越来越多的人选择网络购物，既节省了时间又不像逛商店那么累，而且可以挑选的东西非常多。不仅年轻人，还有许多老年人也爱上了上网淘宝。

3. 网络购物的好处没有哪项？
4. 什么人喜欢网络购物？

第5到6题是根据下面一段话：

我和丽丽是中学同学，那时，她是我的同桌，我们毕业快十五年了，虽然现在已经不在同一个城市，但是一直保持着联系。我们经常上网聊天，谈谈最近的生活和工作。我觉得能有这样一个好朋友是一件很幸运的事情。

5. 她们毕业多长时间了？
6. 她觉得什么是很幸运的事情？

7. A 减肥　　　　B 跑步
　　C 游泳　　　　D 治病

8. A 一次　　　　B 两次
　　C 三次　　　　D 不去了

9. A 感冒了　　　B 失眠了
　　C 没有工作了　D 住院了

10. A 天气太冷　　B 身体不好
　　C 病好不了了　D 钱还不了了

11. A 100%　　　　B 95%
　　C 50%　　　　D 98%

12. A 苹果汁　　　B 葡萄汁
　　C 橙子汁　　　D 西瓜汁

【录音文本】

第7到8题是根据下面一段话：

去年在健身房办了一张会员卡，打算锻炼锻炼我这越来越胖的身体。开始的时候，我隔一天去一次。坚持了一个月，觉得太累了，就一星期去两三次。慢慢地，一个星期只去一次。现在我已经不知道那张会员卡放到哪儿去了。

7. 他为什么办健身卡？

8. 现在他一星期去几次？

第9到10题是根据下面一段话：

一个人睡不好觉。医生说："你的压力太大。两周前来过一个和你一样的男人，他说借了一个经理的钱，还不起。我告诉他，只当没有那回事。几天后他好了很多！"病人听完叹着气说："那我肯定是好不了了！我就是那个经理。"

9. 这个人怎么了？

10. 听了医生的话，他为什么叹气？

第11到12题是根据下面一段话：

这种饮料的果汁含量达到了98%，是真正的纯果汁饮料。口味更新鲜，营养更丰富，是纯天然的绿色饮料。它有葡萄、苹果、橙子等多个种类，对于爱美的女士来说，葡萄汁就是不错的选择。

11. 这种饮料里含有多少果汁？

12. 根据录音，爱美的女士应该喝哪种果汁？

沿虚线折一下

13. A 想请假   B 病了

     C 不高兴   D 胃疼

14. A 同学病了

     B 经理生气了

     C 工作没做好

     D 不能参加聚会

15. A 飞机上   B 火车上

     C 汽车上   D 会议室里

16. A 15 个小时   B 20 个小时

     C 12 个小时   D 10 个小时

17. A 10 月 19 日   B 11 月 19 日

     C 10 月 15 日   D 11 月 15 日

18. A 锻炼了身体

     B 了解了中国文化

     C 增进了感情

     D 学习了新词语

19. A 15 米   B 36 米

     C 25 米   D 40 米

20. A 25 人   B 27 人

     C 30 人   D 32 人

【录音文本】

第13到14题是根据下面一段话：

　　小王想请假去参加同学聚会。同事给他出主意："你就说胃疼。经理刚得过胃病，他知道胃疼很难受。"不一会儿，小王回来了，一脸不高兴地说："经理一听说我胃疼，马上就给曾经给他看病的那个医生打了电话，让我下午过去看看。"

　　13.小王怎么了？

　　14.小王为什么不高兴？

第15到16题是根据下面一段话：

　　各位乘客大家好，欢迎乘坐本次列车。本次列车由北京开往上海，全程大约12小时。我们为大家准备了美味可口的饭菜，欢迎大家到9号车厢品尝。祝大家旅途愉快。

　　15. 这段话可能发生在什么地方？

　　16. 全程大约多长时间？

第17到18题是根据下面一段话：

　　10月19日下午，国际教育学院组织留学生们参观了博物馆，这座博物馆是一座历史艺术类的综合博物馆，收藏了历代的艺术珍品。通过这次活动，留学生们不仅锻炼了口语表达能力，而且了解了中国文化。

　　17. 这是什么时候举办的活动？

　　18. 这次活动有什么意义？

第19到20题是根据下面一段话：

　　赛龙舟是中国民间传统水上体育项目，是端午节的一项重要活动，已流传两千多年。龙舟船长一般为20到30米，每艘船上约25名水手，另外有船头1人，船尾1人，分别起到指挥和加油的作用。

　　19.龙舟的长度可能是多少？

　　20.龙舟上一共有多少人？

沿虚线折一下

21. A 医生　　　　B 留学生
    C 老师　　　　D 校长

22. A 哈佛大学很好

    B 大一新生很多

    C 大四的学生学到的知识很少

    D 哈佛大学是知识宝库

23. A 写文章　　　B 学习
    C 锻炼身体　　D 修改文章

24. A 怕老师批评

    B 怕以后的人笑话

    C 怕妻子笑话

    D 怕时间不够了

25. A 买衣服　　　B 试衣服
    C 看电视　　　D 聊天儿

26. A 穿错了　　　B 摔倒了
    C 生气了　　　D 拿错了

【录音文本】

第21到22题是根据下面一段话：

美国哈佛大学校长爱略华说："我觉得哈佛现在的确可以称为知识宝库。不过我在想，哈佛之所以能成为知识宝库，是由于大一新生带来了知识，而大四毕业生却只带了一点点知识离校。"

21. 说话人是谁？

22. 这段话想告诉我们什么？

第23到24题是根据下面一段话：

欧阳修晚年，每天都把以前所写的文章拿出来，认真阅读，仔细修改，非常用心。他的妻子叫他不要修改了，说："你这么大年纪了，何必这样折磨自己？难道还怕老师批评？"欧阳修笑道："不怕老师骂我，却怕后人笑我。"

23. 欧阳修每天都要做什么？

24. 他为什么要这样做？

第25到26题是根据下面一段话：

丈夫对妻子说："这件T恤怎么回事？我穿上它简直透不过气来，领子紧得要命，会不会是号码拿错了？"妻子看了丈夫一眼，说道："衣服倒是没拿错，就是你的脑袋钻到袖子里去了。"

25. 丈夫在做什么？

26. 丈夫为什么会不舒服？

沿虚线折一下

27. A 成为　　　　B 成就
　　 C 成功　　　　D 成绩

28. A 要努力学习
　　 B 不能看不起别人
　　 C 一定要成功
　　 D 要做到"成不骄败不馁"

29. A 周六早八点
　　 B 周六早八点半
　　 C 周日早八点
　　 D 周日早八点半

30. A 通知　　　　B 广告
　　 C 说明书　　　D 信

【录音文本】

第27到28题是根据下面一段话：

　　"成不骄，败不馁。"这句话很多人都知道，但是能够真正做到的却不多。很多人刚刚做出一点儿成绩就开始得意洋洋，看不起别人。而遇到一点儿困难就失去信心，不再努力。成功了，却不骄傲；失败了，还能继续努力。你能做到吗？

　　27. "成不骄，败不馁"中的"成"是什么意思？

　　28. 这段话告诉我们什么？

第29到30题是根据下面一段话：

　　请大家注意，由于天气原因，我们原定于周六早八点举行的大会改在周日早八点半开始。地点在学校综合广场。学生统一穿校服，教师统一穿黑色上衣。请大家互相转告，准时到场。

　　29. 大会什么时候开始？

　　30. 这段话可能是什么文章？

【答案与题解】

第一部分　长对话题

（一）地点与场所

1．B。录音的第一句和第四句是关键句。其中第一句"刚坐下，你怎么又要出去"说明这个地方是有座位的，因此不可能是超市，排除了选项A。第四句"电影开始前我能回来"，说明他们现在在电影院里。

2．B。录音的第二句是关键句，男的说"上海也热得很"，由此可以直接判断男的在上海。录音中出现了三个地方——"北京""上海""大连"，考生应该认真做标记，认真听问题，排除干扰。

3．A。本题问的是地点，但录音中并未直接出现地点。考生需要抓住一些关键词，如"卖""服装""原价1500""打八折"等，由此可以判断他们现在在商场。

4．C。本题问的是地点，但录音中并未直接出现地点。考生需要抓住一些关键词，如"医生""出院""发烧""吃药"等，这些词语都与医院相关，由此可以判断男的现在在医院住院。

5．D。听完录音可以知道这段对话是围绕买火车票的，因此可以判断男的最有可能在火车站。

6．B。根据第一句"你怎么还不回家啊？"可以知道男的不在家，排除选项A。由"班里学生"可以推测男的是一名老师，"办公室能打印"说明他现在在办公室，老师的办公室在学校，选项B正确。

7．C。"我现在去会议室，你复印好赶快送过来"是关键句，说明男的现在在公司，马上要去会议室。"复印室"有很强的干扰性，女的是现在要去复印室复印材料，一会儿要去会议室送材料。

8．A。录音中虽然没有直接出现地点，但一些关键词语"菜单""牛肉""饺子"等都和饭馆有关，由此可以判断男的现在在饭馆。

9．D。由相关词语"师傅""下车""停车"推断女的正在出租汽车上。

10．C。女的的最后一句话是关键句，"我换个菜"说明女的正在做饭，由此可以知道她现在在家。

（二）时间与数字

1．B。这道题需要一个简单推理。根据第一句话和最后一句话可以知道女的说的"明天"就是男的说的"星期六"，那么后天就是星期日，他们改到后天去长城，也就是"星期日八点半"。

2．D。这道题需要简单的计算，还需要考生熟悉序数词"第"。考完试的日期是1月17号，考完试第三天应为1月20号。

3．B。这道题同时出现了几个时间词和颜色词，干扰项比较多，考生需要一一记录：这件—去年—红，那件—前年—蓝。听完问题后一一对应，确定正确答案。

4．C。这是一道关于价钱的简单计算题。录音中出现了三个价钱：300块、500块和20块。300块是现在的价格，500块是原来的价格，20块是减少的价格，那么最后的价格应该是300-20=280（块）。像这种题目，考生在听的过程中要注意记录关键数字和它所对应的项目。

5．C。本题录音的关键句是"我们已经十年没见了"和"那时候才22岁"，抓住这两句话中的信息就可以计算出女的今年32岁。

6．A。这道题的关键句是男的说的第二句话"还不如坐动车，半个小时就到了，开车要两个多小时"，根据这句话可以推断到北京去最快半个小时。

7．B。解答本题，需要抓住两个关键信息："一共22个人"和"二分之一都是美国人"。女的班里一共有22人，二分之一是美国人，22÷2=11（人），所以美国人有11人。

8．B。录音中的第一句话提到苹果"10块钱一斤"，男的纠正说"不是一斤，是一公斤"，说明这种苹果10块钱一公斤，5块钱一斤。解答这道题，考生首先需要掌握汉语中的量词"公斤"和"斤",知道1公斤(1000g)=2斤(500g),其次要注意排除干扰,女的开始说的"10块钱一斤"是错误信息,男的说的"10块钱一公斤"才是正确信息。

9. B。女的说和朋友见面定的八点,男的说已经迟到了,说明现在已经过了八点了,在四个选项中只有8:10符合,是正确答案。

10. C。录音中出现了两个表示楼层的词:"3楼"和"18层"。"3楼"对应的是现在,"以前住得太高了"对应的是"18层",说明男的以前住在18楼。"楼"和"层"在这里是同义词。

(三)身份与关系

1. C。在这段对话中,考生听到了"头疼""发烧""感冒""开药"等词,如果这道题问的是身份的话,与这些词相关的词只有"医生"和"病人",正确答案是选项C。

2. C。这段话的关键句是"咱们老师留的作业明天还得交呢","咱们"包括了说话人和听话人,由他们有相同的老师可以推断这两个人是同学关系。

3. A。这段对话中有一个干扰句"我感冒了",有些人可能会因此错选B。但是女的还说到了"您需要点儿什么""还要点儿别的吗",根据这些话可以推断出女的并不是医生,而是饭店的服务员。

4. D。对话中的"驾照""超速""罚款"等词都是和交通、驾车等相关的词语,由此可以推断出女的是交通警察。

5. B。听完对话,可以知道这段话的主要内容是"换钱",可以推测对话发生在银行。由女的说的"这是您的钱""您还需要别的帮助吗"这些话可以进一步确定女的是银行的职员。

6. D。考生浏览选项后可以推测本题是问人物身份的,听的时候就应该重点关注与身份相关的内容。由录音中的"各位游客""游览""自由活动""集合"等词可以推断出男的的身份是导游。最后确认问题确实是问人物身份的,由此确定D

项为正确答案。

7．B。男的称呼女的为张老师，可以推测女的是老师，而男的可能是学生也可能是老师。然后女的反问男的"你们班呢？"，说明男的不是学生，也是老师，因此他们之间是同事关系。

8．C。这段对话的关键句是"您想要点儿什么"和"打六折"，据此可以推测女的是商店售货员。男的说"那来两件吧"说明男的在买东西，可以推测男的是顾客。因此这两个人是售货员和顾客的关系。

9．A。对话说的是女的向男的借汽车，选项中出现的四种关系里，两人最有可能是朋友关系。

10．C。这段对话中两次提到了"咱们的孩子"，只要考生熟悉"咱们"的意思就可以知道这两个人是夫妻关系。

（四）心情与态度

1．C。录音中的第二句"是挺让人羡慕的"是干扰句，真正的关键句是第四句"人家怎么样跟我也没什么关系"，说明男的对这件事的真正态度是觉得无所谓、不关心，因此这道题的正确答案是C。对话中的"人家"在这里指"他人、别人"。

2．D。录音中的第一句和第三句是女的说的话，没有很明显的感情色彩，但是男的的回答"他这人也真是的"，可以感觉到他们对老王的态度是否定的，因此可以推断女的的心情也不会是"得意"或"兴奋"。另外，从女的的第二句话中可以感觉到她有一点儿抱怨的语气，所以四个选项中最有可能表示女的的心情的应该是"烦恼"。

3．C。录音中的第四句"勇敢面对生活中的一切"是关键句，而且这句话是在回答女的的提问"最大的优点"，说明孙教授的一个性格特点是勇敢。选项中除了C项以外的其他三项都无法在录音中找到直接根据。

4．C。听完对话后，可知选项A、B与内容关系不大，可以直接排除。录音第四句"这么重要的事情怎么能让她一个孩子决定呢？"是一个反问句，意思是这件事很重要，不能让女儿自己决定。因此可以推测男的不希望女儿考音乐学院，反对女儿的决定。

5．A。"帅""漂亮""演得不错"等词语说明男的和女的对电影的评价都是肯定的。另外，"怪不得""可不是嘛"等惯用语表示理解某事或同意某人的观点，由此可以判断女的的态度。

6．D。女的的第一句话是关键句，"怎么走了半天还没到啊"中的"半天"表示时间很长，而且一般有夸张的意思，这句话表明女的已经比较着急了，"赶不上了……"则进一步表明她想马上到海洋馆，因此可以推断女的的心情是"着急"。

7．B。录音的第四句是关键句，男的说"在同事们面前打球我还真有点儿不好意思"中的"不好意思"的近义词是"害羞"。

8．A。听懂这段对话首先要求考生了解"照顾"在这里的意思，它在对话中的意思是"特别关心，优待"，男的的意思是让女的对他用和别人不一样的标准，但女的直接说"那恐怕不行"，说明女的不会照顾男的，由此可以看出她对老同学来应聘这件事的态度是认真的。

9．D。这道题也是询问态度，对话的最后一句是关键句，"谁说不是呢？"用反问的语气表示同意的态度，女的同意男的的话。

10．C。女的提前收拾行李说明她非常想回家，最后一句"我终于可以见到爸爸妈妈了"的"终于"表示经过等待或努力得到某种结果，通常是希望见到的结果，说明女的的心情是激动的。

（五）活动与主题

1．D。录音的第二句"去上海旅游去了"是关键句，直接回答了"做什么"的问题，选项D是正确的。考生如果能通过提前浏览选项对问题有所预测，答题效率会更高。

2．A。录音的第二句"咱们的饮食习惯是该改改了"是关键句，说明他们在谈论和饮食有关的内容，选项A正确。

3．B。录音第二句"经理让我明天交个总结"是关键句，直接回答了问题，选项 B 正确。

4．D。录音第三句和第四句是关键句，其中的关键词"教室"和"报告厅"说明他们在谈论讲座场地的大小、座位等问题，选项 D"讲座场地"正确。选项 C"参加人数"有一定的干扰性，因为录音中出现了几次与人数有关的内容，考生要注意辨别。

5．A。录音的最后一句"快放假了，学校正安排考试呢"是关键句，"参观公司""放假"等都是干扰信息。"参观公司"是男的对女的的邀请，"快放假了"是对时间的交代，都不是女的正在忙的事情。

6．B。录音的第一句是关键句，其中"旅游"是关键词，说明他们可能要谈论旅游的话题。录音中虽然接着出现了"经济""交通""住房"等词语，在理解上造成了一定的干扰，但是第三句和第四句又回到了"旅游"的话题上，且以上提到的"经济问题"等都是与旅游相关的，所以正确答案是 B。

7．C。可以用量词"条"修饰的是选项 B 和选项 C，但是由于买东西的人是男的，因此选项 B"裙子"是不对的，选项 C"裤子"是正确答案。

8．A。录音中多次出现"车"这个词，说明说话者的活动与"车"有关，可先排除"上课"和"上班"。最后一句"后边这辆如果人还多，咱们就坐出租汽车"说明他们现在还没坐上车，排除选项 B，选项 A 是正确答案。

9．B。选项 A"找笔记本"虽然是女的现在在做的一件事，但是目的是为了找到笔记本上边小李的电话号码。最后一句"让我通知他明天一早去北京"说明女的的最终目的是通知小李，因此选项 B 是正确答案。

10．A。录音的第四句是关键句，"想去医院做个访问"是女的想做的事情，前面出现的"房间""行李""医院"等有一定的干扰性，考生听清问题以后，要注意辨别有用信息。

第二部分　短文题

1．D。短文题的内容相对较多，考生应该养成边听边记录重要信息的习惯。考生提前浏览选项后，应该推测第1题的问题与活动相关，所以在听到短文中出现了"跑步""减肥""游泳""打乒乓球"等活动时，应该做好记录。听完问题后将记录下的信息与选项一一对应，可知选项D是正确答案。

2．C。这道题问的是短文的主要内容。转折连词"但"后面的句子用了第二人称"你"，这句话正是说话人想告诉听话人的——"最好请一位专业的教练"，选项C正确。

3．A。通过浏览选项，可以推测第1题应该是关于某项事物的特点或优点的，听到"节省时间""不累"和"东西多"等与选项相关或一致的词语时应做好记录，确认问题后，从中确定答案。根据排除法，唯一没有出现在录音中的选项A就是正确答案。

4．C。这道题的答案在最后一句中，"不仅年轻人，还有许多老年人也爱上了上网淘宝"，关联词语"不仅……还有……"表示递进关系，说明年轻人和老年人都喜欢上网购物。

5．C。如果提前浏览选项，可以推测这道题是问时间的，而听短文时发现短文中只出现了一个表示时间的数字词，在第一句"……我们毕业快十五年了……"中，比较容易确定答案是选项C。

6．D。最后一句"我觉得能有这样一个好朋友是一件很幸运的事情"中的关键词"幸运"与问题句的关键词一致，因此可以推断"有一个好朋友"是问题的答案，也就是选项D。

7．A。短文的第一句是关键句，说明了办健身卡主要是"打算锻炼锻炼我这越来越胖的身体"，根据这句话可以推测他去健身房是为了减肥。选项D则是无关信息，可以直接排除。选项B和C虽然与健身房有关系，但是无法在录音中找到直接根据，应该排除。

8．D。短文中先后出现了"隔一天去一次""一星期去两三次""一个星期只去一次"三个信息，可以推断他去健身房的次数越来越少，最后一句话说"现在我已经不知道那张会员卡放到哪儿去了"，说明他现在已经完全不去健身房了。

9．B。浏览选项后，推测这个题目可能会问"×× 怎么了？"，听录音时，第一句就是"一个人睡不好觉"，这个句子与选项 B"失眠了"直接对应，考生应当重点标注。听完整段录音和问题后，可以确定 B 就是正确答案。

10．D。这是一道整体理解题，重点在最后一句"我就是那个经理"。录音中出现了一位大夫和两位病人，以前的病人是因为借了别人钱压力太大睡不好觉，最后通过不再想借钱这件事而治好了病。现在这位病人恰巧是那个借给人钱的经理，因此他觉得那个人不可能还他钱了，所以叹气。整段话的重点是"钱还不了了"。

11．D。浏览选项后，考生可以推测问题可能与数字相关，录音第一句中就出现了"果汁含量达到了 98%"，考生应该做好笔记，听完问题后可以确定正确答案是选项 D。

12．B。浏览选项可知问题是关于果汁种类的，在听到最后一句"对于爱美的女士来说，葡萄汁就是不错的选择"时，考生应该立刻做出反应，做好笔记，听完问题后确定答案。解答第 11 ~ 12 题时，提前浏览选项非常重要，这一类题目的选项可以给考生提供关于录音内容和问题的丰富信息。

13．A。短文的第一句是关键句，说明了小王想做什么事情。根据"小王想请假去参加同学聚会"，可以推断他没有生病，也没有胃疼，只是想去参加同学聚会，因此选项 B 和 D 都是干扰项，应该排除。正确答案是选项 A。

14．D。如果正确解答了第 13 题，就知道小王的真正目的是参加同学聚会，所以不高兴的原因是不能参加同学聚会。选项 A 和选项 C 与录音内容关系不大，可以直接排除。在正确理解录音内容后，也可以准确排除选项 B，经理没有生气，只是帮小王联系了医生。

15．B。浏览选项后可以推测问题与地点相关。录音中先后出现了"本次列车""9 号车厢""旅途愉快"等语句，这些都与火车相关，可以推断他们现在在火车上。听完问题后可以确定答案。

16．C。浏览选项后可知题目可能问时间。录音中出现"全程大约12小时"时，考生应做好笔记，听完问题后可以确定正确答案是选项C。

17．A。本题四个选项都是日期，考生可以知道应该注意录音中出现的与日期相关的信息，在听到"10月19日下午"时应该记下来。听完问题后可从笔记中得到正确答案。

18．B。"通过"后面常常介绍某事某物的意义或作用。因此这次活动的意义是"不仅锻炼了口语表达能力，而且了解了中国文化"，选项B是正确答案。选项A、C、D具有一定的干扰性，但都不能在录音中找到直接依据，应该排除。

19．C。解答本题，提前浏览选项内容很重要，通过选项可知本题与长度（……米）相关，由此考生知道听录音时的关注重点。当听到"龙舟船长一般为20到30米"时应该做好笔记，听到问题是"龙舟的长度"时，可知只有C"25米"符合"20米～30米"的范围，是正确答案。

20．B。这道题与上题一样，提前浏览选项内容很重要，通过选项内容可知听录音时应该重点关注人数。当听到"每艘船上约25名水手，还有船头1人，船尾1人"时，记下人数和对应信息，听完问题后得出正确答案是27人。解答这一类题目，提前浏览选项的重要作用是它能让考生对录音内容和问题内容有所预测，从而把注意力集中到关键内容上去。这是一个重要的技巧，考生应当掌握。

21．D。根据选项可知题目问的是人物身份，听录音时，如果出现人物，考生应当记下他的身份。录音第一句"美国哈佛大学校长爱略华说"中出现了人物信息，考生应该做好笔记，听完整段录音和问题后，可知选项D是正确答案。

22．C。这是一道整体理解题。校长说哈佛大学是知识宝库是一种讽刺的说法。最后一句话"是由于大一新生带来了知识，而大四毕业生却只带了一点点知识离校"说明他认为并不是哈佛大学的知识越来越多，而是毕业的学生带走的知识很少。

23．D。短文的第一句是关键句，指出了欧阳修每天做的事情是什么。通过"每天都把以前所写的文章拿出来，认真阅读，仔细修改"可以知道"修改文章"是正确答案。

24．B。录音最后一句说"不怕老师骂我，却怕后人笑我"说明欧阳修担心的是以后有人嘲笑他，因此选项 B 是正确答案。录音中的"笑"和选项 B 中的"笑话"都是"嘲笑"的意思。

25．B。录音中出现了"这件 T 恤""穿""领子""号码"等词语，说明本题与衣服有关，可以排除选项 C 和 D，再根据丈夫和妻子的对话，可知丈夫正在"试"衣服，选项 B 是最准确的一项。

26．A。录音的最后一句是关键句，通过"衣服倒是没拿错，就是你的脑袋钻到袖子里去了"可以知道男的把袖子当成了领子，也就是他穿错了。选项 B 和 C 与录音内容关系不大，可以直接排除，选项 D 有一定的干扰性，通过妻子的话"倒是没拿错"可以排除。

27．C。"成功了，却不骄傲；失败了，还能继续努力"，从这一句中可以知道"成"的意思是"成功"。如果考生平时注意积累汉语中的熟语，已经掌握了"成不骄，败不馁"的含义，解题就更容易了。

28．D。这是一道整体理解题。选项 A、B、C 只是分别说明了三个方面，不够全面，选项 D 是最全面的概括，是正确答案。

29．D。考生应提前浏览选项，听录音时重点关注与时间相关的内容。录音中出现了两个时间，分别是"周六早八点"和"周日早八点半"，但是第一个时间是"原定于"，也就是以前的时间，说明这个时间是干扰项，应该被排除。而"周日早八点半"前边有"改在"两个字，说明这个时间是改变后的，也就是最终确定的时间，是这道题的正确答案。

30．A。这道题要求大家判断录音短文的性质，这需要考生先对各类文章的特点有所了解。"通知"中一般会重点突出时间、地点、事件；"广告"中应该有较多的宣传性语言；"说明书"会有针对某物的说明性文字；"信"则有称呼、问候语、正文、祝福语、署名、日期等重要组成部分。根据"请大家注意""请大家互相转告""八点半""综合广场"等，可以推断这是一则通知。

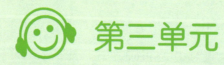

第三单元
HSK（四级）听力模拟试题

听力模拟试题①

第一部分

第1—10题：判断对错。

例如：我想去办个信用卡，今天下午你有时间吗？陪我去一趟银行？

★ 他打算下午去银行。 (✓)

现在我很少看电视，其中一个原因是，广告太多了，不管什么时间，也不管什么节目，只要你打开电视，总能看到那么多的广告，浪费我的时间。

★ 他喜欢看电视广告。 (×)

1. ★ 她要买这件衣服。 ( )

2. ★ 报纸没意思。 ( )

3. ★ 敬茶可以表示对人的尊敬。 ( )

4. ★ 年轻人可以多吃盐。 ( )

5. ★ 牛牛数学好，小静英语好。 ( )

6. ★ 暑假期间，星期五可以到图书馆借书。 ( )

7. ★ 学校现在不在城市里。 （　　　）

8. ★ 他们一起去参加活动。 （　　　）

9. ★ 喜欢他的女孩子很少。 （　　　）

10. ★ 没有年轻人喜欢京剧。 （　　　）

第二部分

第 11—25 题：请选出正确答案。

例如：女：该加油了，去机场的路上有加油站吗？

男：有，你放心吧。

问：男的主要是什么意思？

A 去机场　　　B 快到了　　　C 油是满的　　　D 有加油站 ✓

11.　A 英国队　　　B 巴西队　　　C 德国队　　　D 法国队

12.　A 9：00　　　B 10：00　　　C 9：30　　　D 10：30

13.　A 锻炼身体　　B 上课　　　C 招聘会　　　D 开会

14.　A 闹钟坏了　　B 该起床了　　C 不上班　　　D 闹钟放哪儿了

15.　A 觉得女的说的话很对

B 觉得找中国男朋友不是汉语进步快的原因

C 觉得女的不一定能找到中国男朋友

D 要给她介绍男朋友

16. A 小王　　　　B 小张　　　　C 小刘　　　　D 小李

17. A 在南京住过　　　　　　　B 在南京学习过
　　 C 在南京工作过　　　　　　D 去南京旅游过

18. A 饭馆里　　　B 商店里　　　C 火车上　　　D 教室里

19. A 逛商场　　　B 看电影　　　C 换衣服　　　D 吃饭

20. A 学习　　　　B 弹钢琴　　　C 跳舞　　　　D 去公园玩儿

21. A 有高兴的事情　　　　　　　B 因为书里的故事而伤心
　　 C 和男朋友分手了　　　　　　D 因为昨天的事哭了

22. A 夫妇　　　　B 同事　　　　C 同学　　　　D 兄妹

23. A 无聊　　　　B 高兴　　　　C 生气　　　　D 羡慕

24. A 语法和生词很难　　　　　　B 发音和汉字很难
　　 C 语法和生词不难　　　　　　D 都不难

25. A 男的昨天考得不好　　　　　B 男的昨天考试没写完
　　 C 男的昨天考试肚子疼　　　　D 男的昨天考得不顺利

第三部分

第 26—45 题：请选出正确答案。

例如：男：把这个文件复印五份，一会儿拿到会议室发给大家。

　　　女：好的。会议是下午 3 点吗？

男：改了。三点半，推迟了半个小时。

女：好，602 会议室没变吧？

男：对，没变。

问：会议几点开始？

A 两点　　　　B 3点　　　　C 3：30 ✓　　　D 6点

26.　A 13658947825　　　　　　　B 13658947826

　　　C 13658947828　　　　　　　D 13658947829

27.　A 保护皮肤　　B 不会游泳　　C 天气太热　　D 天太黑

28.　A 考硕士　　　B 如何成功　　C 找工作　　　D 成语的含义

29.　A 买电视　　　B 吃饭　　　　C 睡觉　　　　D 看电视

30.　A 酸奶　　　　B 苹果　　　　C 鸡蛋　　　　D 面包

31.　A 去学校　　　B 去老师家　　C 去爬山　　　D 去打球

32.　A 咳嗽　　　　B 头疼　　　　C 嗓子疼　　　D 发烧

33.　A 书房　　　　B 门口　　　　C 客厅　　　　D 厨房

34.　A 没有电脑　　B 不能逛商场　C 住院了　　　D 不能休息

35.　A 三块　　　　B 十五块　　　C 两块五　　　D 十二块

36.　A 香蕉的生长地 B 香蕉的种类　C 香蕉的坏处　D 香蕉的好处

37.　　A 减肥　　　　B 变聪明　　　C 减轻烦恼　　D 美容

38.　　A 半个月　　　B 六个月　　　C 一年　　　　D 三年

39.　　A 能跟家人说新鲜的事情　　　　B 能认识中国人

　　　　C 能知道很多不知道的事情　　　D 汉语能说得很流利

40.　　A 漂亮　　　　B 学习好　　　C 安静　　　　D 眼睛大

41.　　A "我"和刘元很早就认识　　　　B "我"经常帮助刘元

　　　　C 刘元的眼睛很小　　　　　　　D "我"常常不开心

42.　　A 玩具　　　　B 闹钟　　　　C 词典　　　　D 笔

43.　　A 叫"我"起床　　　　　　　　　B 教"我"写汉字

　　　　C 告诉"我"生词的意思　　　　　D 帮助"我"学习

44.　　A 体育小组　　B 诗歌小组　　C 摄影小组　　D 舞蹈小组

45.　　A 体育小组　　B 合唱小组　　C 摄影小组　　D 太极拳小组

听力模拟试题①录音文本

(音乐，30 秒，渐弱)

大家好！欢迎参加 HSK（四级）考试。

大家好！欢迎参加 HSK（四级）考试。

大家好！欢迎参加 HSK（四级）考试。

HSK（四级）听力考试分三部分，共 45 题。

请大家注意，听力考试现在开始。

第一部分

一共 10 个题，每题听一次。

例如：我想去办个信用卡，今天下午你有时间吗？陪我去一趟银行？

★ 他打算下午去银行。

现在我很少看电视，其中一个原因是，广告太多了，不管什么时间，也不管什么节目，只要你打开电视，总能看到那么多的广告，浪费我的时间。

★ 他喜欢看电视广告。

现在开始第 1 题：

1．你看这件衣服多漂亮啊。哎！要是我再瘦点儿就好了。现在买回去只能挂在墙上看着了。

★ 她要买这件衣服。

2．打开报纸，虽然有很多新闻，可是也没什么好文章吸引我，看着看着我就在沙发上睡着了。

★ 报纸没意思。

3．在中国，家里如果来了客人，主人会请客人喝上一杯热茶，表示尊重，结婚的时候，新郎新娘要给父母敬茶，也是同样的道理。

★ 敬茶可以表示对人的尊敬。

4．科学家认为，饮食过咸会引起很多疾病，因此健康成年人每天吃的盐不要超过5克，尤其是老年人，更应该多吃清淡的东西。

★ 年轻人可以多吃盐。

5．牛牛的英语好，数学不好；小静的数学好，英语不好。牛牛和小静在学习上互相帮助，两个人都进步了。

★ 牛牛数学好，小静英语好。

6．暑假期间，图书馆每周一早八点到晚五点开放，其他时间休息。请大家互相转告。谢谢！

★ 暑假期间，星期五可以到图书馆借书。

7．我们学校搬到了一个新地方，虽然离城市有点儿远，但是新校园又大又漂亮，空气也非常好。只是交通不太方便，要是以后有地铁就更好了。

★ 学校现在不在城市里。

8．不好意思，我恐怕不能接受你的邀请去参加这个活动，周末我已经有了别的安排，而且我也不喜欢热闹。

★ 他们一起去参加活动。

9．我真是太羡慕你了！不管走到哪里都有那么多女孩子喜欢你。我可就不行了。

★ 喜欢他的女孩子很少。

10．在中国，京剧是一门很受欢迎的艺术。很多人以为只有老人才喜欢京剧，实际上也有很多年轻人甚至孩子是京剧爱好者。

★ 没有年轻人喜欢京剧。

第二部分

一共 15 个题，每题听一次。

例如：女：该加油了，去机场的路上有加油站吗？

男：有，你放心吧。

问：**男的主要是什么意思？**

现在开始第 11 题：

11．男：你看昨天的比赛了吗？

女：看了。英国队三比二赢了巴西队。今天还有德国队和法国队的比赛。

问：**哪个队失败了？**

12．女：昨天的雨可真大啊！一辆出租车也叫不到，我九点才回到家。

男：可不！我比你还晚半个小时呢。

问：**男的昨天是什么时候回到家的？**

13．女：过两天在体育馆有个招聘会，你去吗？

男：去过好几次了，也没什么结果，我都没信心了。

问：**他们在讨论什么事情？**

14．男：快起床吧，已经七点半了，再不起，上班就要迟到了。

女：难道你忘了吗？今天是星期六啊。

问：**男的忘记了什么？**

15. 女：要是找个中国男朋友，我的汉语水平肯定会提高的。

男：这主意不错，至少你一出错他就会提醒你。要不我给你介绍一个？

问：**男的是什么意思？**

16. 女：小王，明天是小刘的生日，我和小李约好去他家。你去吗？

男：好啊，我再去问问小张。

问：**明天谁过生日？**

17. 男：下个月我要去南京，你能给我介绍一下那里的情况吗？

女：你最好去问小赵，她在南京工作过两年。

问：**小赵为什么能介绍南京的情况？**

18. 女：先生，这里不许吸烟，第三节和第四节车厢中间有吸烟处。

男：哦，对不起。

问：**他们可能在哪儿说话？**

19. 男：下班后我请你看电影，然后一起吃饭怎么样？

女：改天吧。我昨天买的衣服号码不对，我得先回家去拿，再去商场换一件。

问：**女的要去做什么？**

20. 女：周末让孩子做点儿什么呢？

男：学校里的学习本来就够累的了，我不想让孩子像别人一样，又学弹钢琴又学跳舞的。去公园玩儿玩儿不是挺好的吗？

问：**男的想让孩子周末做什么？**

21. 男：哭什么啊？昨天还挺高兴的呢。

女：书里的这两个主人公分手了，我太伤心了。

问：**女的怎么了？**

22．女：眼看就要毕业了，还真有点儿舍不得。

男：是啊，时间过得真快。

问：**男的和女的可能是什么关系？**

23．男：小王买了辆新车，请我明天一起去试试。

女：要是我们也有车就好了。

问：**女的是什么心情？**

24．男：汉语难吗？

女：开始学的时候觉得发音和汉字很难，语法和生词不难，现在相反了。

问：**女的现在觉得汉语难吗？**

25．女：昨天的考试顺利吗？

男：别提了！刚开始考试就肚子疼，差点儿没写完。

问：**下面哪项是错的？**

第三部分

一共 20 个题，每题听一次。

例如：男：把这个文件复印五份，一会儿拿到会议室发给大家。

女：好的。会议是下午 3 点吗？

男：改了。三点半，推迟了半个小时。

女：好，602 会议室没变吧？

男：对，没变。

问：**会议几点开始？**

现在开始第 26 题：

26．女：给搬家公司打电话了吗？

男：打了，可是人家说号码是空号。

女：你打的是 13658947826 吗？

男：你告诉我的不是 13658947826，是 13658947829。

问：搬家公司的电话号码应该是多少？

27. 男：这儿的天气太热了！真受不了！

女：当初我说去北方吧，你非得来南方。

男：过两天就适应了。咱们去海里游泳吧。

女：你带孩子去吧，我可不想把身上晒得黑黑的。

问：女的为什么不去游泳？

28. 女：哎！面试又没通过。

男："失败是成功之母"，继续努力。

女：每次你都说这句，现在竞争太激烈了，人家都要硕士。

男：别灰心，你虽然不是硕士，但是能力强啊。

问：他们在谈论什么？

29. 女：我丈夫一看足球比赛就连吃饭和睡觉都忘了。

男：你不喜欢看吗？

女：我喜欢看电视剧，昨天又因为这个吵架了。

男：那就再买一台电视。

问：女的和丈夫因为什么吵架？

30. 女：你下午要去超市吗？

男：对，我想去买点儿面包和牛奶。你要买什么吗？

女：麻烦你顺便帮我买一斤苹果和十个鸡蛋。

男：不买别的了？

女：再买个酸奶吧。

问：男的不会给女的买什么？

31. 男：李文，这个周末去爬山怎么样？
　　女：不去，我们约好了一起去老师家。
　　男：太好了，我告诉阿里不去爬山也不去打球了。
　　女：那周六早上八点在学校门口见面。
　　问：周末男的去做什么？

32. 男：您哪儿不舒服？
　　女：我头疼、嗓子疼，还有点儿发烧。
　　男：多长时间了？
　　女：前天晚上开始的。
　　男：你可能得了重感冒。
　　问：女的没有提到的是哪项？

33. 男：你看这幅画适合挂在哪儿？
　　女：挂在客厅里有点儿小。要不挂在书房吧。
　　男：可是书房里已经挂照片了。
　　女：门口怎么样？
　　男：哎！我怎么没想到呢？
　　问：他们可能把画挂在哪儿？

34. 女：明天又得加班。
　　男：在医院就是这样啊。别生气了，人家银行啊、商场啊也不休息。
　　女：可是我好几个星期没回家了。
　　男：我有电脑，你可以上网和家人见面。
　　问：女的为什么生气？

35. 女：苹果多少钱一斤？
　　男：左边大一点儿的十块钱三斤，右边小的十块钱四斤。
　　女：给我来三斤大的，两斤小的。

男：好。您拿好。

问：小苹果多少钱一斤？

第 36 到 37 题是根据下面一段话：

香蕉是一种生长在热带地区的水果。它的外皮是黄色的，里面是白色的，味道又香又甜，很多人都喜欢它。全世界香蕉品种约有 300 多个。欧洲人认为它能减轻烦恼，所以叫它"快乐水果"，而且香蕉还是女孩子们喜爱的减肥水果。此外，吃香蕉对智力也有好处。

36．以下哪项在这段话中没有提到？

37．香蕉的好处不包括下面哪项？

第 38 到 39 题是根据下面一段话：

我来中国已经半年了。我在这里认识了很多热心的中国人。我常常跟他们聊天，汉语有了很大进步。最近几个月，我迷上了 QQ 聊天，用 QQ 的人大多是跟我差不多的年轻人，我能了解很多新鲜的事情。我希望两年半以后我回国的时候，我的汉语能够说得非常流利。

38．他来中国多长时间了？

39．他为什么喜欢 QQ 聊天？

第 40 到 41 题是根据下面一段话：

刘元是我的好朋友。我们从小就认识了。上小学时，她是我的同桌，在学习上经常帮助我。慢慢地，她成了我最好的小伙伴。她长得很漂亮，圆圆的脸上长着一双好像会说话的大眼睛。她爱唱爱笑，每当我不开心的时候她也总能想办法让我忘掉烦恼。

40．以下哪项不是刘元的特点？

41．下面哪项是对的？

第 42 到 43 题是根据下面一段话：

我收到过很多礼物，有玩具、漂亮的衣服、巧克力什么的，但是我最喜欢的礼物是去年我来中国之前爸爸送给我的，有了它，我学汉语时的很多难题都解决了。生词不明白可以找它，汉字不会写可以找它。我每天都带着它跟我一起上汉语课。

42．说话人最喜欢的礼物是什么？

43．下面哪项和这件礼物没有关系？

第 44 到 45 题是根据下面一段话：

学校里的各种兴趣小组是学生们丰富课余生活的好地方。如果你喜欢体育，可以参加体育小组；如果你喜欢拍照片，可以参加摄影小组，还有合唱小组、舞蹈小组等等。麦克最近参加了太极拳小组，他们每天早上六点就开始练习，现在麦克的太极拳打得可好了。

44．这段话中没有提到下面哪种兴趣小组？

45．麦克参加了什么兴趣小组？

听力考试现在结束。

听力模拟试题①答案及题解

第一部分

1．×。"要是"表假设，录音中的"要是我再瘦点儿就好了"说明"我"不够瘦，不能穿这件衣服。"挂在墙上看着"进一步强调了"不能穿"。所以我们可以推断她只是喜欢这件衣服，但不会买。

2．√。"虽然……，可是……"这一句式的核心语义在后一个分句，考生遇到这组关联词语一定要仔细听辨后半句的意思。"没什么好文章吸引我"与问题句中的"没意思"相吻合。此外，录音最后提到了"睡着了"，也说明了看报纸的人觉得报纸没意思。

3．√。这道题考查了一组近义词。问题句中的"尊敬"与录音中的"尊重"意义相近。同时，通过"主人"对"客人"、"新郎新娘"对"父母"这两组人物关系，可以推断出前者对后者应该是尊敬的态度，而且这两组人物的出现都与请喝茶相关，由此可以判断，敬茶可以表示对人的尊敬。

4．×。问题句的关键信息是"年轻人"，录音中的"饮食过咸会引起很多疾病"说明所有的人都不应该吃太多盐，而且录音中说的"健康成年人"包括"老年人"和"年轻人"。"不要超过5克"说明不能吃太多，由此也可判断答案是"×"。

5．×。这道题的录音中有重复句式，容易发生混淆。解答这类题目，边听边记很重要。考生在听录音时，将人物和对应信息做简要记录：牛牛，英语好、数学不好；小静相反。通过这类题目的训练，考生应当要养成边听边记的习惯。

6．×。根据问题句的内容，可以推测这道题与"图书馆的借书时间"有关，考生正确理解问题句内容后就应该重点关注与图书馆开放时间相关的信息。问题中出现了"周五"，因此录音中的"5点"有一定的干扰性，但比较容易排除。根据录音内容，暑假期间，每周只有一天可以去借书，是每周一，所以问题句是错的。

7. √。从录音中的"离城市有点儿远"可以知道学校"不在城市里"。同时，从"空气也非常好"和"交通不太方便"也可以知道学校不在热闹的地方，由此可以推断出学校不在城市里。

8. ×。问题句中的关键信息是"一起去参加活动"，但是录音中却说"恐怕不能……去参加这个活动"，这里的"恐怕"是"可能"的意思，表达委婉的拒绝。此外，录音还说明了不能参加活动的两个理由，一个是"有了别的安排"，一个是"不喜欢热闹"，以上几个信息都说明说话人比较客气地拒绝了邀请，不会一起去参加活动。

9. √。录音中说话人羡慕对方的原因是"不管走到哪里都有那么多女孩子喜欢你"，也就是说有很多女孩子喜欢说话人羡慕的对象。根据常识，自己没有的才会羡慕别人，因此可以推断喜欢说话人的女孩子不多。最后一句"我可就不行了"，进一步说明喜欢"我"的女孩子很少。

10. ×。录音首先告诉我们"京剧是一门很受欢迎的艺术"，说明有很多人喜欢京剧。"只有老人才喜欢"的前面用的是"以为"，"以为"往往指所想的与实际情况不同，因此，"实际上"的后面才是现实的情况，也就是也有年轻人和孩子喜欢京剧。如果考生比较熟悉"以为"和"实际上"的含义和用法，就很容易理解录音内容，得出正确答案。

第二部分

11. B。通过浏览选项，可以推测本题内容与比赛有关，因此听录音时应该注意捕捉和比赛结果有关的信息并做好笔记。听到"英国队三比二赢了巴西队"时应该记下如"英：巴，3：2"这样的信息，听完问题后，从中可以确定选项 B 是正确答案。

12．C。这是一道询问时间的对话题，选项中一共出现了四个时间。女的说"我九点才回到家"，由此可以排除选项 A。男的说"我比你还晚半个小时呢"，由此推断男的是九点半回家的，选项 C 是正确答案。听清听准问题很关键。

13．C。问题是"他们在讨论什么事情？"，而选项中一共有四个话题，女的说"过两天在体育馆有个招聘会"，很清楚地交代了话题，所以选项 C 是正确的。如果考生没有听懂"招聘会"这个词，可以通过男的说的"去过好几次了，也没什么结果"这句话分析判断，因为选项 A、B 和 D 都不会"没什么结果"，更不会出现"我都没信心了"的情况，由此可以排除这三个选项，确定选项 C 为正确答案。

14．C。男的说"再不起，上班就要迟到了"，说明男的要去上班。女的说"今天是星期六啊"，说明今天不用上班。女的用了一个反问句"难道你忘了吗？"，强调男的把周六不上班的事忘记了，所以选项 C 是正确的。

15．A。选项中有三项都用到了"觉得……"，说明这道题可能会问态度或观点，考生听录音时就应该把握住关键信息"这主意不错"，这句话表示男的同意女的的观点，与选项 A 相符。录音中男的说的"要不我给你介绍一个"虽然与选项 D 一致，但在这里只是提议或开玩笑，而并不说明男的真的要给女的介绍男朋友，因此选项 D 是干扰项，应该排除。

16．C。根据选项，可以推断这是一道询问人物的题目，因此应该注意捕捉不同人物的相关信息。考生听录音时做的笔记应该是：小王—说话人（男的），小刘—明天生日，小李—和女的去小刘家，小张—男的的朋友。当然，考生不一定要记录得这么详细，但应该用最快、最准确的方式记下这些关键信息。听完问题后，从中很容易得到答案。

17．C。根据选项，可以推断这道题主要询问的是某人在南京有过哪种经历，因此应该在听录音时捕捉某人从事某种活动的相关信息。女的说"你最好去问小赵，她在南京工作过两年"，这句话与选项C相符；而"在南京工作过"这个选项也能解答问题句"小赵为什么能介绍南京"的疑问，因此选项C是正确的。

18．C。通过选项，可以推断这是一道询问地点的题。女的说"第三节和第四节车厢中间有吸烟处"，其中量词"节"和名词"车厢"都说明说话的地点是火车上，因此选项C是正确的。

19．C。根据选项，可以推断这是一道询问活动的题目。男的邀请女的看电影和吃饭，但是女的说"改天吧"，说明她拒绝了邀请，因此选项B和D被排除。女的接着说"再去商场换一件"，动词"换"说明她并不是去逛商场，而是要去换衣服，因此选项C是正确的。

20．D。根据选项，可以推断这是一道询问活动的题目。"学校里的学习本来就够累的了"说明男的不想让孩子周末继续学习，因此选项A是错误的。根据"我不想让孩子像别人一样，又学弹钢琴又学跳舞的"，可以排除选项B和C。"去公园玩儿玩儿不是挺好的吗？"是一个反问句，表达的意思是"去公园玩儿玩儿挺好的"，这与选项D的意思相符，因此选项D是正确的。

21．B。选项B和C中都出现了"因为……"，可以推断这是一道询问原因的题目。女的说"书里的这两个主人公分手了，我太伤心了"，说明她哭是因为书中悲伤的故事，因此选项B是正确的。

22．C。根据选项，可以推断这是一道询问人物关系的题目。女的说"眼看就要毕业了，还真有点儿舍不得"，说明说话人之间可能是同学或者师生的关系，因此直接排除选项 A、B、D。男的说"是啊，时间过得真快"，表示他同意女的的话，他与女的有同样的感受，因此推断两人最有可能是同学关系，选项 C 是正确的。

23．D。根据选项，可以判断这是一道询问态度的题目。录音中的关键信息是女的说的"要是我们也有车就好了"，"要是……就好了……"通常表达说话人的某种愿望，在这里表达了女的对小王买了新车的羡慕之情，因此选项 D 正确。

24．A。通过浏览选项，可以推断这道题可能问学习某种语言的难点，听录音时应该重点注意相关信息。听录音时，发现出现了"现在"和"开始学的时候"两个时间，因此应该关注并区别"开始"和"现在"的不同学习情况。录音中的信息是"开始学的时候觉得发音和汉字很难，语法和生词不难"，而"现在相反了"，说明现在觉得语法和生词很难，发音和汉字不难，这与选项 A 意思相符，因此选项 A 是正确的。

25．B。解答本题，听清听准问题很重要，问"哪项是错的？"，要求考生找出选项中与录音内容不符的一项。选项C是录音中直接出现的内容；由C可以得出D，由C和D可以推测出A，所以C、D、A都与录音内容一致。剩下的选项B与录音中的"差点儿没写完"是否对应呢？"差点儿没写完"表示的意思是虽然过程很不顺利，但是最终写完了，因此选项B与录音内容不符，是本题的正确答案。

第三部分

26．B。由选项可以推测本题会问电话号码，那么就要注意听录音中提到的号码。两人共说到了两个相似的电话号码，第二个号码13658947829是干扰信息。解答这道题的一个技巧是：由于四个选项的数字只有最后一位是不同的，因此注意听录音中两个电话号码的最后一位数字。可以由男的打的电话是空号推断出女的说的才是正确的电话号码。

27．A。这道题的对话没有直接给出问题的答案。从男的说天太热了，可以想到当时的阳光非常强烈，在这种天气下出去游泳很容易把皮肤晒黑，所以女的说"不想把身上晒得黑黑的"，只有选项 A 和这个意思最接近。

28．C。从录音中的"面试"和"竞争太激烈了"可以推断出这是一段关于找工作的谈话。"失败是成功之母"是男的在鼓励女的，而不是教她如何成功，选项 B 是错的。女的说"人家都要硕士"是指工作单位对应聘者的学历要求，而不是她要考硕士。

29．D。女的开始说"我丈夫一看足球比赛就连吃饭和睡觉都忘了"，说明她的丈夫非常喜欢看足球比赛，通过对话又可以知道女的喜欢看电视剧。所以，"因为这个吵架了"中的"这个"就是指他们喜欢看的电视节目不一样。"再买一台电视"是最后男的给女的出的一个主意。因此，他们吵架的原因是看电视，而不是买电视。

30．D。这道题的问题是"男的不会给女的买什么？"，那么选项中与录音内容相符的项都会成为选择正确答案的干扰项。为了排除这种干扰，考生就需要认真做笔记。听完会发现录音中提到的几样东西选项里都有，但男的说去超市想买"面包和牛奶"，所以选项 D "面包"是男的给自己买的，不是给女的买的，是正确答案。

31．B。男的问女的周末去不去爬山，说明他还没有决定。听了女的回答"不去，我们约好了一起去老师家"后，男的说"太好了"，说明他很高兴，随后他又说"我告诉阿里不去爬山也不去打球了"，意思是他要和女的一起去老师家。因此周末他们都去老师家。

32．A。这又是一道排除类的题目，问的是女的没有提到的情况。男的问女的哪儿不舒服后，女的说"头疼、嗓子疼，还有点儿发烧"，如果考生对这些信息都做了笔记，就很容易知道没有提到的是"咳嗽"。

33. B。录音中的两个人在商量把画挂在什么地方。先提到了客厅，但女的说有点儿小；随后女的建议挂在书房，但是男的说书房已经有照片了；女的又建议挂在门口，男的说"我怎么没想到？"，意思是这是个好主意。因此他们决定把画挂在门口。

34. D。第一句"明天又得（děi）加班"中的"又"表现了女的不是第一次加班，"得"通常表示客观上需要，而主观上不太愿意，说明女的对加班很不满。男的劝她"别生气了"，也说明女的是因为这件事在生气。银行、商场是男的用来劝女的说的话，他的意思是银行、商场和医院一样，也要加班，所以选项 B 不对。在女的说了她好几个星期没回家后，男的打算把电脑给她，让她在网上和家人见面，这也是在安慰女的，所以女的是因为长时间不能休息而生气的，选项 D 是正确答案。

35. C。一听到关于买东西的对话就要注意其中出现的钱数。录音中提到了两种苹果：大一点儿的十块钱三斤，小的十块钱四斤。问题问的是小苹果每斤的价钱，因此是 10 元 ÷4 斤 =2.5 元／斤。这类题目考生也应该做好笔记，记下对应信息。

36. C。"香蕉是一种生长在热带地区的水果"指出了香蕉的生长地，"全世界香蕉品种约有 300 多个"涉及香蕉的种类，"它能减轻烦恼""减肥水果""对智力也有好处"这三点是香蕉的好处。录音中没有说到的是香蕉的坏处。

37. D。"它能减轻烦恼""减肥水果""对智力也有好处"这三点是香蕉的好处，没有提到美容。这道题与上一道题都是采用排除法进行选择。遇到此类题目，一定要提前熟悉选项，如录音中提到了相关信息，要及时做笔记。

38. B。录音中出现了三个时间：半年、几个月、两年半。第一句"我来中国已经半年了"告诉我们他来中国的时间，半年＝六个月，后两个时间都是干扰信息。考生听录音时要注意记下每个时间对应的内容。

39．C。录音中说"我迷上了 QQ 聊天，……我能了解很多新鲜的事情"。"迷上了"表示非常喜欢一件事情。在后面解释了迷上 QQ 聊天的原因，即"能了解很多新鲜的事情"，"新鲜的事情"就是以前不知道的事情。因此 C 是意思最接近的一项。而录音中没有提到跟家里人说这些事情，所以选项 A 不对。选项 D"汉语说得很流利"是他希望两年半后回国的时候发生的变化，不是现在喜欢 QQ 聊天的原因。

40．C。这道题又是排除类题目。录音中的"长得很漂亮""一双好像会说话的大眼睛""在学习上经常帮助我"分别说出了刘元"漂亮""眼睛大""学习好"的三个特点。从"爱唱爱笑"可以知道刘元的性格很开朗，而不是很安静，因此选项 C 不是她的特点。

41．A。四个选项的内容大部分在说"我"和刘元的关系，由此可以推断录音内容主要关于"我"和刘元的关系和交往。考生在听录音时，应重点记录这部分信息。由"我们从小就认识了"可以得出选项 A，其余选项都与录音中的内容不符，所以选项 A 是正确答案。

42．C。这是一个简单的推理题。"我"最喜欢的礼物有几个特点，分别是"生词不明白可以找它""汉字不会写可以找它""我每天都带着它跟我一起上汉语课"，从这些可以推断出它是词典。

43．A。请注意问题是"没有关系"。运用排除法，录音中说的都是和学习有关的内容，说到了生词、汉字、学习的难题，并没有说到起床的事情，所以只有选项 A 与这件礼物没有关系。

44．B。提前快速看选项，听录音时就能标记对应内容。录音中提到的有体育小组、摄影小组、合唱小组、舞蹈小组，没有提到诗歌小组。听清问题后运用排除法，可以得到正确答案。

45．D。录音中说"麦克最近参加了太极拳小组"，与选项D一致。"现在麦克的太极拳打得可好了"可以帮助我们再次确认这一答案。

🎧 听力模拟试题②

第一部分

第 1—10 题：判断对错。

例如：我想去办个信用卡，今天下午你有时间吗？陪我去一趟银行？

★ 他打算下午去银行。 （ ✓ ）

现在我很少看电视，其中一个原因是，广告太多了，不管什么时间，也不管什么节目，只要你打开电视，总能看到那么多的广告，浪费我的时间。

★ 他喜欢看电视广告。 （ × ）

1. ★ 八点四十分交听力试卷。 （ ）

2. ★ 小华常常在运动场上踢足球。 （ ）

3. ★ 他的朋友晚上也可能上班。 （ ）

4. ★ 一个好的中国菜要有四个特点。 （ ）

5. ★ 水上公园里有很多动物。 （ ）

6. ★ 他的填空题写得不错。 （ ）

7. ★ 明天上午十一点半去公司只能走楼梯。 （ ）

8. ★ 说话人觉得黄头发、超短裙很好看。 （ ）

9. ★ 他现在的生活很好。　　　　　　　　　　　　　（　　　）

10. ★ 汉语比赛要进行两个小时。　　　　　　　　　　（　　　）

第二部分

第 11—25 题：请选出正确答案。

例如：女：该加油了，去机场的路上有加油站吗？

男：有，你放心吧。

问：男的主要是什么意思？

A 去机场　　　　B 快到了　　　　C 油是满的　　　　D 有加油站 ✓

11. A 手机　　　　B 钥匙　　　　C 车　　　　D 钱包

12. A 一般　　　　B 还可以　　　　C 不太好　　　　D 非常好

13. A 女的不喜欢那条裙子　　　　B 那条裙子二百块钱
　　C 女的带的钱不够　　　　　　D 那条裙子卖完了

14. A 明天晚上九点　　　　　　　　B 今天上午十点
　　C 今天晚上九点　　　　　　　　D 明天上午九点

15. A 火车站　　　　B 汽车站　　　　C 飞机场　　　　D 旅行社

16. A 二十分钟　　　B 三十分钟　　　C 二三十分钟　　D 一个小时

17. A 中学　　　　　B 英国　　　　C 大学　　　　D 小学

18.　　A 南京　　　　B 家里　　　　C 哈尔滨　　D 上海

19.　　A 还有最后一个房间　　　　B 给男的留了一个房间
　　　C 房间全满了　　　　　　　D 还有空房间

20.　　A 医生和病人　　B 丈夫和妻子　　C 售货员和顾客 D 老师和学生

21.　　A 开会　　　　　B 看电影　　　　C 运动　　　　D 聊天

22.　　A 男的的照相机很贵　　　　B 女的不知道这个照相机贵不贵
　　　C 女的的照相机更贵　　　　D 女的的照相机很漂亮

23.　　A 兴奋　　　　　B 烦恼　　　　　C 紧张　　　　D 伤心

24.　　A 明天上课她要用笔记　　　B 不能把笔记借给男的
　　　C 明天才能把笔记借给男的　　D 男的要先把钱还给她

25.　　A 明天再来　　　　　　　　B 留下自己的电话号码
　　　C 等王经理　　　　　　　　D 给王经理打电话

第三部分

第 26—45 题：请选出正确答案。

例如：男：把这个文件复印五份，一会儿拿到会议室发给大家。

　　　女：好的。会议是下午 3 点吗？

　　　男：改了。三点半，推迟了半个小时。

　　　女：好，602 会议室没变吧？

　　　男：对，没变。

问：会议几点开始？

A 两点   B 3点   C 3：30 ✓   D 6点

26. A 大夫   B 老师   C 运动员   D 记者

27. A 修理电梯   B 买家具   C 改时间   D 问通知

28. A 累了   B 买不到火车票   C 生病了   D 不能参加会议

29. A 司机   B 警察   C 老师   D 乘客

30. A 王芳   B 李新   C 刘丽   D 刘华

31. A 大学同学   B 男朋友和女朋友
     C 售货员和顾客   D 服务员和顾客

32. A 香山   B 故宫   C 颐和园   D 天坛

33. A 生病了   B 摔倒了   C 手破了   D 撞上汽车了

34. A 去哪儿吃饭   B 在哪儿买东西
     C 上课的时间   D 打工的地方

35. A 下星期一   B 明天   C 后天   D 下周

36. A 第二次吸的烟   B 用两只手吸烟
     C 吸入别人吸的烟   D 旧的烟

37. A 公共场所都禁止吸烟　　　　　B 饭馆可以吸烟
    C 图书馆可以吸烟　　　　　　　D 出租车师傅吸烟

38. A 1500 多年前　　　　　　　　B 2000 多年前
    C 大约 1000 年前　　　　　　　D 2500 多年前

39. A 1500 多年前　　　　　　　　B 2000 多年前
    C 大约 1000 年前　　　　　　　D 2500 多年前

40. A 取包裹　　　　　　　　　　B 网上付款
    C 上网查找　　　　　　　　　D 排队等候

41. A 比较省力　　B 比较省钱　　C 时间自由　　D 商品更多

42. A 90 岁　　　　B 91 岁　　　　C 92 岁　　　　D 89 岁

43. A 听京剧　　　　　　　　　　B 唱京剧
    C 和年轻人聊天　　　　　　　D 孙子来看她

44. A 文学　　　　B 电子　　　　C 经济　　　　D 外语

45. A 630 人　　　B 5700 人　　　C 465 人　　　D 18 人

听力模拟试题②录音文本

（音乐，30秒，渐弱）

大家好！欢迎参加 HSK（四级）考试。

大家好！欢迎参加 HSK（四级）考试。

大家好！欢迎参加 HSK（四级）考试。

HSK（四级）听力考试分三部分，共45题。

请大家注意，听力考试现在开始。

第一部分

一共10个题，每题听一次。

例如：我想去办个信用卡，今天下午你有时间吗？陪我去一趟银行？

★ 他打算下午去银行。

现在我很少看电视，其中一个原因是，广告太多了，不管什么时间，也不管什么节目，只要你打开电视，总能看到那么多的广告，浪费我的时间。

★ 他喜欢看电视广告。

现在开始第1题：

1. 考试八点半开始，共150分钟。考试40分钟时请将听力试卷交上来。

★ 八点四十分交听力试卷。

2. 小华喜欢看足球，但是他不喜欢踢足球，他常常坐在看台上看同学们在运动场上踢足球。

★ 小华常常在运动场上踢足球。

3．我的朋友是一位护士，她的工作很忙，有时候还要上夜班，不过，她很喜欢自己的工作。

★ 他的朋友晚上也可能上班。

4．中国菜讲究色香味俱全，也就是说一个菜既要好看，又要好闻，还要好吃。不然就不能说是一个好菜。

★ 一个好的中国菜要有四个特点。

5．水上公园是个很漂亮的公园，每个季节都有不同的花草树木。不过，如果你想看动物，这个地方就不适合你了。

★ 水上公园里有很多动物。

6．这次考试一共有三道题，选择题和填空题我比较有信心，但是最后的写作题不知道怎么样。

★ 他的填空题写得不错。

7．由于本公司电梯需要修理，明天上午八点到十一点停止使用，请您原谅。

★ 明天上午十一点半去公司只能走楼梯。

8．有人觉得流行的东西一定是美的，比如黄头发、超短裙，但我看不一定。

★ 说话人觉得黄头发、超短裙很好看。

9．他从小家里很穷，吃了很多苦。但是他靠自己的努力，考上了全国最好的大学，毕业后找到了不错的工作，过上了好日子。

★ 他现在的生活很好。

10．本周五下午两点到四点半举办留学生汉语比赛，请大家提前十分钟到场，参加比赛的同学请准备好自己所需要的东西。

★ 汉语比赛要进行两个小时。

第二部分

一共 15 个题，每题听一次。

例如：女：该加油了，去机场的路上有加油站吗？

男：有，你放心吧。

问：男的主要是什么意思？

现在开始第 11 题：

11. 男：好好儿想想，你肯定把它放在哪儿了，一会儿再找吧。

女：可是我现在要用它开车啊，回家还得用它开门呢。

问：女的正在找什么？

12. 女：去云南的旅行怎么样？

男：好得不能再好了！

问：男的觉得旅行怎么样？

13. 男：上次看上的那条裙子你买了吗？

女：我只带了二百块钱。

问：根据这段话可以知道什么？

14. 男：我几点可以给您打电话？

女：今天晚上九点或者明天上午十点。

问：男的应该几点给女的打电话？

15. 男：请给我两张去北京的火车票。

女：请您赶快上车，还有十五分钟就要开车了。

问：他们可能在哪儿？

16. 女：开车到单位要多长时间？

男：车少的时候二三十分钟就到了，但是上下班的时候要一个小时。

问：男的上班要开多长时间车？

17. 男：你在哪儿学的英语？

女：从小学就学，中学大学也没放下，不过我还是想去英国学学。

问：女的没在哪儿学过英语？

18. 男：暑假我去了趟哈尔滨，你呢？

女：我啊，本来打算去南京、上海看看，可是一放假就病了，哪儿也没去。

问：放假时女的可能在哪儿？

19. 男：请问还有空房间吗？

女：对不起，最后一间刚被预订了。

问：女的是什么意思？

20. 女：我最近常常觉得头疼。

男：先做个检查，我再给你开点儿药。

问：他们可能是什么关系？

21. 男：请大家安静一下，想发言的人请举手。

女：我建议先看一段录像，然后再讨论。

问：他们可能在做什么？

22. 男：这个照相机花了我五千多块钱。

女：才五千多？回来让你看看我的。

问：女的是什么意思？

23. 男：怎么又下雨了？

女：快一个星期了，这儿的雨一下就没完。真烦人！

问：**女的是什么心情？**

24．男：把你的笔记借我看看，可以吗？

女：明天上课前还给我就行。

问：**女的是什么意思？**

25．男：我想找一下王经理。

女：对不起，他现在不在。您可以留一下电话，我给您安排别的时间。

问：**男的接下来要做什么？**

第三部分

一共 20 个题，每题听一次。

例如：男：把这个文件复印五份，一会儿拿到会议室发给大家。

女：好的。会议是下午 3 点吗？

男：改了。三点半，推迟了半个小时。

女：好，602 会议室没变吧？

男：对，没变。

问：**会议几点开始？**

现在开始第 26 题：

26．男：你这几天感冒了，大夫说需要多休息。

女：不行啊，这个新闻稿必须马上写完。

男：我是老师，我帮你写吧。

女：算了，你教学生还行。

问：**女的可能是做什么工作的？**

27．男：看见楼下的通知了吗？

女：没看到啊，什么事情？

男：明天电梯修理，要停用一天。

女：啊？明天送家具的要来。

男：快打电话告诉他们改天吧。

问：**他们为什么要打电话？**

28. 女：你的脸色看起来不太好。

    男：没买到火车票，只好坐长途汽车回来，十几个小时只能坐着。

    女：那明天的会还能参加吗？

    男：没问题，回去睡一觉就好了。

    问：**男的怎么了？**

29. 男：您好，请停车。

    女：怎么了？我没有违反交通规则。

    男：您开车开得太快了。这里最快只能开每小时 40 公里。

    女：是吗？真倒霉！

    问：**男的可能是什么人？**

30. 男：嗨！王芳，听说你上星期结婚了！祝贺你啊！

    女：什么？我还没有男朋友呢！

    男：我刚听李新说的啊。

    女：你听错了吧，李新说的一定是刘丽。

    问：**谁可能上星期结婚了？**

31. 男：小姐，麻烦你算算多少钱。

    女：一共是 320 块。您觉得我们的菜做得怎么样？

    男：不错，我女朋友很喜欢。下星期我们大学同学聚会还来这里。

    女：谢谢！欢迎下次光临！

    问：**女的和男的是什么关系？**

32. 女：我第一次来北京，给我介绍一下有什么好玩儿的地方吧。

    男：北京好玩儿的地方可多了，故宫、颐和园、天坛，也可以去香山看红叶。

    女：我比较喜欢自然风景。

    男：好，那听你的。

    问：他们可能去哪儿？

33. 女：发生什么事儿啦？

    男：刚才骑到路口，突然一只狗跑过来，我一躲就跟旁边骑车的人撞上了。

    女：你的手破了，得赶紧去医院啊。

    男：没事儿，不用去了。

    问：男的怎么了？

34. 女：你昨天去那家饭店了？

    男：嗯，我想看看那儿要不要人。

    女：咱们学校旁边那家超市贴着招聘广告，你去试试吧。

    男：我去过了，那儿的工作时间太长了，我只想下课以后去。

    问：他们在谈论什么？

35. 女：丽娜什么时候来天津？

    男：她本来说下星期一来的。可是下周他们学校有个汉语比赛，所以改成后天了。

    女：太好了，我的实验到明天也差不多忙完了。

    男：那到时候我们一起去接她吧。

    问：丽娜什么时候来？

第 36 到 37 题是根据下面一段话：

我从不吸烟，但是有时候却不得不吸"二手烟"。尤其是到饭馆吃饭的时候，很多人一边喝酒一边吸烟，空气里都是烟味儿。还有一次，出租车师傅边开车边抽烟，他虽然把拿着烟的手伸到窗外，但我还是被"二手烟"害了一路。真希望以后公共场所都禁止吸烟！

36．吸"二手烟"的意思是什么？

37．下面哪一项是说话人希望的？

第 38 到 39 题是根据下面一段话：

最早的风筝距今已经有 2000 多年了。据传说它是墨子用了三年的时间做成的，但是只飞了一天就坏了。到 1500 多年前的南北朝时期，风筝开始为人们传送各种消息。到了大约 1000 年前的宋代，放风筝成为普通人喜爱的体育活动。

38．最早的风筝是在什么时候出现的？

39．什么时候风筝开始为人们传送各种消息？

第 40 到 41 题是根据下面一段话：

网上购物就是利用电脑网络买东西的购物方式。一般的方法是，先上网查找想买的东西，然后通过网络付钱，最后等待东西寄到。网上购物任何时间都可以，还不像逛商场那么累，而且网上的商品种类很多，可以买到很多商店里没有的东西。

40．网上购物不需要做什么？

41．网上购物的好处不包括哪项？

第 42 到 43 题是根据下面一段话：

这位老奶奶去年刚过了九十岁的生日，她的身体非常健康。老人每天自己做饭、洗衣服。没事儿的时候她喜欢听听京剧，有时候还去公园和朋友们一起唱京剧。她也喜欢和年轻人聊天。今天她准备做几个好吃的菜，因为她的孙子要来看她，这是她最高兴的事情。

42．老人今年多大年纪？

43．让老人最高兴的事情是什么？

第44到45题是根据下面一段话：

这是一所综合大学，设有文学、电子、数学、经济等18个专业。目前共有中国学生5700人，外国留学生630人，教师465名。学校环境优美，设施齐全，有游泳馆、足球场、网球场、篮球场、电子阅览室、实验室等。

44. 这段话中没有提到哪个专业？

45. 学校有多少名外国留学生？

听力考试现在结束。

听力模拟试题②答案及题解

第一部分

1．×。录音中说考试八点半开始，40 分钟后交听力卷，那么八点半向后推 40 分钟，应该是九点十分，所以题目中说八点四十分交试卷是错的。

2．×。录音中先说"小华喜欢看足球"，后面出现了"但是"，这是一个转折连词，后面的意思往往与前面说的内容相对，因此后面的内容是小华不喜欢踢足球。此外，从最后一句说的小华常常在看台上看足球，也可以推断出他只喜欢看足球，而不喜欢踢足球。

3．√。录音中说他的朋友"有时候还要上夜班"，"夜班"就是晚上上班的意思。问题句中也有"晚上也可能上班"，和录音中所说的内容相符。此外，"工作很忙""护士"两个信息也可以帮助判断问题句是正确的。

4．×。录音中说到了一个好的中国菜要"色香味俱全"，也就是色、香、味三个方面都要有的意思。后面又补充解释了"色香味"就是"好看、好闻、好吃"这三个特点，但问题句中说有四个特点，因此是错的。

5．×。这道题要注意录音中的转折连词"不过"，前面说了水上公园的优点，转折后就会说水上公园的缺点了。"如果你想看动物，这个地方就不适合你了"，由此可知水上公园里没有动物，问题句中说的"有很多动物"是不对的。

6．√。问题中说到了"填空题"，因此，我们在听录音时就要注意这个关键词。录音中说"选择题和填空题我比较有信心"，"有信心"是自己相信自己，也就是相信自己这两道题做得比较好，与问题句中"不错"意义相符。

7．×。录音内容是一则通知，问题句中出现了时间"十一点半"，因此，在听录音时要重点关注时间。录音中说"明天上午八点到十一点修理电梯"，因此十一点半电梯已经修好了，去公司可以坐电梯，而不是"只能"走楼梯。

8．×。浏览问题后可以知道听本题录音时应该重点关注说话人的态度。录音中说到"黄头发""超短裙"都是流行的东西，一方面说有些人觉得是美的，另一方面又说"但我看不一定"。这里的"看"是"觉得"的意思，表达说话人的看法。说话人不觉得"很好看"，因此问题句是错的。

9．√。录音中说他小时候很穷，可见他小时候的生活不好，这是干扰信息。问题句说的是现在的生活，所以要将录音内容听全，录音中说现在他找到了不错的工作，过上了好日子。

10．×。问题句问的是一个时间段，而录音中出现了三个时间点，需要进行简单的计算。留学生汉语比赛是从下午两点到四点半，一共两个半小时，而不是两个小时，因此问题句是错的。"提前十分钟"是干扰信息。

第二部分

11．B。通过录音中男的说"一会儿再找吧"，可以判断出他们在找东西。因此要注意听与四个选项有关的信息。女的说"要用它开车啊，回家还得用它开门呢"，可以"开车""开门"的东西只有钥匙，说明她正在找钥匙。

12．D。解答这道题要掌握一个常用句式"……得不能再……"了，这个句式用于表示程度很高，也就是"很……""非常……"的意思。录音中男的说"好得不能再好了"的意思是非常好。

13．C。录音中女的回答男的"我只带了二百块钱"，"只"说明她带的钱少，隐含的意思是二百块钱不够买那条裙子，由此可以知道她没买那条裙子。A项"女的不喜欢那条裙子"是错的，因为男的说"上次看上的那条裙子"，"看上"意为喜欢；B项也是错的，因为女的带的二百块钱买不了那条裙子，可以知道那条裙子的价格高于二百；D项在录音中没有提到。

14．C。浏览选项后可以知道这道题是问时间的。听录音时容易将日期和时间混淆，因此，要认真听录音中的时间，并做记录。录音中说"今天晚上九点或者明天上午十点"，只有选项 C"今天晚上九点"符合，是正确答案。

15．A。四个选项都是表示地点的名词，听录音时应该重点关注与这些地方相关的信息。录音中男的说要买去北京的火车票，可以初步判断他可能在火车站，但是其他三个选项中，旅行社也可能卖火车票。通过录音中女的说的"请您赶快上车，还有十五分钟就要开车了"这句话，排除了在旅行社买火车票的可能，可以断定男的在火车站。

16．D。录音中给出了两个时间：一个是"二三十分钟"，即二十分钟到三十分钟，一个是"一小时"。这两个时间都有一个对应的条件，分别是"车少的时候"和"上下班的时候"。因此，听清楚问题很重要，问题句问"上班要开多长时间车？"，应该是第二个条件下的时间——"一个小时"。选项 A、B、C 是针对"二三十分钟"的干扰项。

17．B。这道题要注意问题句问的是"没在哪儿学过"，所以考生应该想到可以用排除法。根据录音知道他小学时学习英语，"中学大学没放下"中的"没放下"是指继续学习，没有中断。只有最后说的"我还是想去英国学学"说明她还没去过英国学习。

18．B。问题句问的是地点，但选项中的三个地点"南京""上海""哈尔滨"在录音中都提到了，这就造成了干扰。通过录音可以知道，哈尔滨是男的去过的地方；南京、上海是女的打算去的地方，也就是她的计划。女的后来因为病了，哪儿也没去，可以推断一个假期她都在家里养病，并没去她原来打算去的地方。

19．C。通过选项，可以猜出这是一个发生在宾馆的对话，内容是关于订房间的。从录音中可知，男的想要一个空房间，女的说"最后一间刚被预订了"，也就是说没有空房间了，和 C 选项的"房间全满了"意义相符。

20．A。录音中女的说了"头疼"，男的说了"做检查""开药"，由这些可以大致判断出他们是医生和病人的关系。这道题 B 选项"丈夫和妻子"是最大的干扰项。在家庭中夫妻之间也可能出现类似的对话，但一般不会涉及"做检查、开药"

等内容，所以应该排除。

21．A 。录音中男的先提到了"发言"，女的建议先看录像，又说看后要讨论，与"发言""看录像""讨论"都有关系的场景应该是上课或者开会，所以选项 A 是正确答案。

22．C。录音中女的说"才五千多"，其中的"才"是一个关键词，"才"修饰数量词时，可以表示数量少、时间短、时间早等意思。这里是数量少的意思，也就是说女的觉得五千多这个价格不高，接着她又说"让你看看我的"，说明她自己的照相机更贵。

23．B。在这种提问心情、态度的问题中，正确理解选项中四个词语的意思是很重要的。选项 A"兴奋"，是高兴、激动的心情；选项 B"烦恼"，是遇到困难时或不满意的心情；选项 C"紧张"，是担心时间不够用或自己做不好的心情；选项 D"伤心"，是发生了让人悲伤的事情时的心情。录音中男的说"怎么又下雨了？"，"怎么又……"这个句式一般用来说重复发生的、令人不高兴的事情。女的听了后，说出"真烦人"，可以知道他们不喜欢一直下雨，所以当时的心情应该是"烦恼"。

24．A。录音中男的想借女的的笔记，女的说"明天上课前还给我就行"，说明女的同意现在借给他，但男的使用的时间只能到明天上课之前，所以可以推断出明天上课女的要用笔记。选项 B 和选项 C 具有较强的干扰性，考生听录音时要注意记录关键信息，排除干扰项。

25．B。录音中男的要找王经理，但是女的告诉他王经理不在。女的让他"留一下电话"，也就是让男的留下自己的电话号码后先回去，等王经理回来安排好后，告诉他可以见面的时间，而不是让他自己给王经理打电话或在这里等着。

第三部分

26．D。录音中男的说的"大夫""老师"都是干扰信息，"大夫"是让女的多休息的人，"老师"是男的的职业。与女的的职业有关的就是第二句"这个新闻稿必须马上写完"，从这句话可以判断出女的最有可能是一名记者。

27．C。录音中男的告诉女的明天要修理电梯，停用一天，也就是明天一天不能使用电梯。女的听了后很惊讶，因为正好送家具的明天要来。我们知道，没有电梯搬家具的话是很困难的。所以男的让女的"快打电话告诉他们改天吧"，这是对话的关键句，由此可知，他们是要给送家具的人打电话，打电话的目的是改时间。

28．A。录音中女的说男的"脸色看起来不太好"，可以初步判断男的有以下几种情况：病了，累了，有不高兴的事情。从接下来男的说的话中可以知道，他本想买火车票，但是没买到，只好坐比较慢的长途汽车回来。"十几个小时只能坐着"，由此可以判断出男的不是生病了，而是由于坐车时间太长而感到很累。

29．B。首先，从录音中的"停车""交通规则""开车"等词语可以判断出这段对话可能是关于司机和警察的，排除了C和D选项。再从男的让女的停车，并告诉女的开车开得太快了，可以知道男的是一个警察。

30．C。这道题干扰项比较多，考生应该边听边记录各个人物的情况。录音中共出现了四个人，从第一句男的称呼女的为"王芳"，可以知道录音中的女的就是王芳，但从她说的"我还没有男朋友呢"可知，结婚的人不是王芳。王芳认为男的听错了，而且她非常肯定地说"李新说的一定是刘丽"，这是对话的关键句，结婚的人最有可能是刘丽。

31．D。录音第一句男的让女的算算多少钱，由此可以知道他们是买卖双方的关系，也就是"售货员和顾客"或者"服务员和顾客"，排除了A和B。女的说"我们的菜做得怎么样""欢迎下次光临"，可以推断出她是服务员。

32．A。这道题要求考生对录音中出现的四个地方都有简单的了解，故宫、颐和园、天坛是北京的三个名胜古迹，香山是北京的一座山，以红叶著名。女的说喜欢自然风景，而四个选项中除了香山，其他三个地方都是人文景观，所以他们可能会去香山。

33．C。录音中男的说自己骑车的时候，一只狗突然跑过来，他为了躲狗，撞上了旁边骑车的人。选项A与录音内容不相关，可以直接排除。选项D撞上汽车与录音中叙述内容不一致。选项B没有在录音中清楚地说明，不知道是否真的发生了，只有女的说的"你的手破了"是确定的。

34．D。从对话中可以知道，男的去那家饭店并不是去吃饭，而是去看看"要不要人"，可以初步推断出他想找工作。然后女的又告诉他超市贴着"招聘广告"，并让他去试试，可以确定男的是在找工作。最后男的又说只想下课以后去，说明他正在上学，所以应该不是找正式的工作，而是找打工的地方。

35．C。从选项中就可以判断出问题一定是关于时间的，所以要注意录音中关于时间的表述。男的说丽娜"本来说下星期一来"，这是一个干扰信息，关键信息在"可是"的后面："改成后天了"，所以丽娜后天来。

36．C。录音开头就提出了"二手烟"这个名词，所以后面应是关于它的叙述。后面说到了饭馆中"空气里都是烟味儿"，出租车师傅"边开车边抽烟"，由此可以知道并不是说话人在抽烟，而是旁边的人在抽烟。听完整段话以后，可以理解"二手烟"的含义。

37．A。录音的最后一句是关键句，说的是"我"的希望："真希望以后公共场所都禁止吸烟"。

38．B。四个选项是四个时间，所以考生听录音时应该重点关注并记录时间词。录音第一句说："最早的风筝距今已经有2000多年了。"后面又分别出现了1500多年和1000年两个时间，听完问题以后即可根据自己的笔记确定答案。此类题目一定要做到边听边记录，将时间和相关事件简单记录一下。

39．A。解答本题的思路与上题相同，考生边听边记录，将时间和相关事件简单记录一下。听完问题后查找对应信息，确定答案。

40．D。这是一道排除题，题目问的是不需要做什么，这就要求我们把录音中出现的需要做的事情排除，得出正确答案。录音中说网上购物要"先上网查找想买的东西"，也就是 C"上网查找"；"然后通过网络付钱"，也就是 B"网上付款"；"最后等待东西寄到"，也就是 A"取包裹"。只有 D"排队等候"没有提到。这道题的话题是大家比较熟悉的"网购"，所以，即使听录音时有一些关键信息没抓到也没关系，听清楚问题之后根据常识也可得出 D 项是正确答案。

41．B。这同样是一道逆向思维题，仍采用排除法。录音后半部分主要说了网上购物的好处。"网上购物任何时间都可以"也就是 C"时间自由"，"还不像逛商场那么累"也就是 A"比较省力"，"而且网上的商品种类很多，可以买到很多商店里没有的东西"也就是 D"商品更多"，没提到的好处只有 B"比较省钱"。

42．B。根据选项可以推测问题与年龄相关。听录音时，第一句说"这位老奶奶去年刚过了九十岁的生日"，听清问题后，根据这个信息可以得出结论：老人今年 91 岁。

43．D。题目问"最高兴的事情"，录音最后一句说，"她的孙子要来看她，这是她最高兴的事情"，所以选项 D 正确。

44．D。对照着选项听录音，在出现的内容后做标记。录音中说到"设有文学、电子、数学、经济等 18 个专业"，采用排除法，没有提到的是 D"外语"。

45．A。从选项可以推断问题是关于人数的，所以要记录录音中的人数信息，也可对照选项听录音，在各项后面标记对应的内容。录音中说"中国学生 5700 人，外国留学生 630 人，教师 465 名"，所以正确答案是 A。

🎧 听力模拟试题③

第一部分

第1—10题：判断对错。

例如：我想去办个信用卡，今天下午你有时间吗？陪我去一趟银行？

    ★ 他打算下午去银行。   （　✓　）

    现在我很少看电视，其中一个原因是，广告太多了，不管什么时间，也不管什么节目，只要你打开电视，总能看到那么多的广告，浪费我的时间。

    ★ 他喜欢看电视广告。   （　×　）

1. ★ 新邻居的歌声很好听。   （　　）

2. ★ 最近很多人去动物园看熊猫宝宝了。   （　　）

3. ★ 现在爸爸妈妈怕他照顾不了自己。   （　　）

4. ★ "你几岁了？"这个句子对老人不礼貌。   （　　）

5. ★ 孩子和老人也喜欢牛仔裤。   （　　）

6. ★ 身体没有病就是健康的人。   （　　）

7. ★ 他回国以前买了新电视。   （　　）

8. ★ 学生们不可以在体育馆里打篮球。   （　　）

9. ★ 他不方便上网。   （   ）

10. ★ 节假日这家酒店的双人间可能 400 元一天。   （   ）

第二部分

第 11—25 题：请选出正确答案。

例如：女：该加油了，去机场的路上有加油站吗？

男：有，你放心吧。

问：男的主要是什么意思？

A 去机场   B 快到了   C 油是满的   D 有加油站 ✓

11.   A 北方人   B 南方人   C 中国人   D 外国人

12.   A 全写错了   B 要写两次   C 刚才没写完   D 有错字

13.   A 二楼左边第三个教室   B 二楼右边第三个教室
       C 三楼左边第三个教室   D 三楼右边第三个教室

14.   A 决定不抽烟了   B 几年以后停止抽烟
       C 停止抽烟很难   D 不想停止抽烟

15.   A 两片   B 四片   C 一片   D 三片

16.   A 样子   B 颜色   C 尺寸   D 价格

17.   A 很好   B 很不好   C 可以做妻子   D 不太合适

18.   A 上网   B 聊天   C 交中国朋友   D 中文打字

19.　　A 城市　　　　B 办公室　　　　C 学校　　　　D 家里

20.　　A 电话　　　　B 姓名　　　　C 国籍　　　　D 地址

21.　　A 生气　　　　B 放松　　　　C 难过　　　　D 紧张

22.　　A 他还没有毕业　　　　　　　B 他在一家公司工作
　　　C 他在一家公司实习　　　　　D 他给公司写了一封信

23.　　A 宾馆　　　　B 街上　　　　C 家里　　　　D 饭馆

24.　　A 男的想多睡一会儿　　　　　B 男的睡眠好
　　　C 女的睡眠不好　　　　　　　D 男的睡眠时间少

25.　　A 比他想象的难　　　　　　　B 跟他想象的一样难
　　　C 没有他想象的难　　　　　　D 又有意思又简单

第三部分

第 26—45 题：请选出正确答案。

例如：男：把这个文件复印五份，一会儿拿到会议室发给大家。

　　　女：好的。会议是下午 3 点吗？

　　　男：改了。三点半，推迟了半个小时。

　　　女：好，602 会议室没变吧？

　　　男：对，没变。

　　　问：会议几点开始？

　　　A 两点　　　　B 3点　　　　C 3：30 ✓　　　D 6点

26. A 医生 　　　　B 演员 　　　　C 记者 　　　　D 导游

27. A 去之前要给主人打电话 　　　　B 所有水果都可以作为礼物
    C 点心不能作为礼物 　　　　　　D 点心和水果都需要买

28. A 买房子 　　　　B 租房子 　　　　C 修理房子 　　　　D 换房子

29. A 着急 　　　　B 孤单 　　　　C 轻松 　　　　D 高兴

30. A 给小狗洗澡 　　　　　　B 带小狗去医院
    C 把小狗扔掉 　　　　　　D 给小狗吃东西

31. A 出去玩儿的时候 　　　　B 该洗车的时候
    C 看球赛的时候 　　　　　D 买东西的时候

32. A 2300 元的 　　B 3050 元的 　　C 3650 元的 　　D 3250 元的

33. A 通过网络 　　B 朋友介绍 　　C 通过报纸 　　D 通过电视

34. A 走路 　　　　　　　　B 坐公共汽车
    C 骑自行车 　　　　　　D 坐地铁

35. A 看电影 　　B 听音乐会 　　C 修手机 　　D 吃饭

36. A 专业 　　　　B 年龄 　　　　C 语言 　　　　D 工作经验

37. A 已经工作两年了 　　　　B 中学毕业
    C 35 岁 　　　　　　　　　D 不会英语

38.　A 中医大夫　　　B 银行职员　　　C 护士　　　D 不工作

39.　A 四个　　　　　B 三个　　　　　C 两个　　　D 一个

40.　A 四季分明　　　　　　　　B 历史悠久
　　 C 景点很多　　　　　　　　D 有很多马和大雁

41.　A 是很多朝代的首都　　　　B 有很多著名的景点
　　 C 有很多历史博物馆　　　　D 气候很好

42.　A −5℃　　　　　B 5℃　　　　　C −10℃　　　D 10℃

43.　A 录音中说的大概是夏天　　 B 下星期应该多穿衣服
　　 C 明天还会下雨　　　　　　D 明天风很小

44.　A 不太好看　　　　　　　　B 电影票很便宜
　　 C 3D 效果比较好　　　　　　D 孩子喜欢，大人不喜欢

45.　A 星期日　　　　　B 星期三　　　　C 星期四　　　D 星期六

听力模拟试题③录音文本

（音乐，30秒，渐弱）

大家好！欢迎参加HSK（四级）考试。
大家好！欢迎参加HSK（四级）考试。
大家好！欢迎参加HSK（四级）考试。

HSK（四级）听力考试分三部分，共45题。
请大家注意，听力考试现在开始。

第一部分

一共10个题，每题听一次。

例如：我想去办个信用卡，今天下午你有时间吗？陪我去一趟银行？

★ 他打算下午去银行。

现在我很少看电视，其中一个原因是，广告太多了，不管什么时间，也不管什么节目，只要你打开电视，总能看到那么多的广告，浪费我的时间。

★ 他喜欢看电视广告

现在开始第1题：

1. 上个月我家楼下搬来了新邻居，她是学音乐的，每天都练习唱歌。我们一听到她的歌声就头疼，只好把窗户都关上。

★ 新邻居的歌声很好听。

2. 动物园的熊猫最近生宝宝了，下个月就可以跟游客们见面了。很多人都打算去亲眼看看这个可爱的小家伙。

★ 最近很多人去动物园看熊猫宝宝了。

3. 开始爸爸妈妈不同意我来中国留学，因为他们怕我照顾不了自己。后来，在我的坚持下，他们不得不同意了。现在爸爸妈妈已经改变了当时的想法。

★ 现在爸爸妈妈怕他照顾不了自己。

4. 在中国，和老人说话要用礼貌用语，比如，问老人年龄不能说"你几岁了？"，要说"您多大年纪了？"。

★ "你几岁了？"这个句子对老人不礼貌。

5. 牛仔裤最早出现在美国西部，到今天已经流行很多年了，受到了各个年龄层次人们的欢迎。

★ 孩子和老人也喜欢牛仔裤。

6. 人的健康不仅指身体上没有疾病，还包括心理健康。身心健康的人才能够正确面对社会的竞争和压力。

★ 身体没有病就是健康的人。

7. 这台电视虽然有点儿旧，但是看得很清楚。下个月我就要回国了，把它送给你，你就别买新电视了。

★ 他回国以前买了新电视。

8. 学生们可以在体育馆里练太极拳，打羽毛球，打乒乓球。不过，要想打篮球就要到外面的篮球场去。

★ 学生们不可以在体育馆里打篮球。

9. 请把你的文章发到我的邮箱里，我每天晚上都上网。如果你不方便上网，就直接寄到我们学校。

★ 他不方便上网。

10. 这家酒店的双人间平时的价格是 300 块钱一天，但是到了节假日价格会涨一倍。

★ 节假日这家酒店的双人间可能 400 元一天。

第二部分

一共 15 个题，每题听一次。

例如：女：该加油了，去机场的路上有加油站吗？

男：有，你放心吧。

问：男的主要是什么意思？

现在开始第 11 题：

11. 男：北方的天气四季分明，不像南方。

女：是啊，我们那儿的春夏秋冬就不太明显。

问：女的是哪儿的人？

12. 男：刚才不是写完了吗？

女：刚才写错了两个字，不得不重新写一遍。

问：女的为什么又写一遍？

13. 男：请问，在哪儿报名？

女：二楼右手第三个教室。

问：在哪儿报名？

14. 女：抽烟有害健康，快停了吧！

男：这么多年，想停也停不了啊。

问：男的的话是什么意思？

15. 女：请问这两种药怎么吃？

男：白色的早晚各两片，绿色的早中晚各一片。

问：白色的药一天吃几片？

16. 女：这件衣服样子和颜色都不错，就是没有大号的了。

男：那再看看别的吧。

问：女的对衣服哪方面不满意？

17. 女：上次介绍的姑娘你感觉怎么样？

男：做朋友还行，当妻子的话就有点儿……

问：男的觉得姑娘怎么样？

18. 女：最近我常常上网聊天，交了很多中国朋友。

男：这个方法不错。但是我不会用中文打字，你教教我吧。

问：男的想学什么？

19. 男：您好！我是《城市发展》杂志的，请问李教授在家吗？

女：对不起，他现在不在，六点以后回来，你可以打他办公室电话。

问：李教授现在可能在哪儿？

20. 女：请问这张表怎么填？

男：填上姓名、地址、电话，最后在右下角签字就可以了。

问：女的不用填什么？

21. 女：昨天汉语比赛你紧张吗？

男：我啊，当时脸发热，手发凉。

问：男的比赛时是什么心情？

22. 女：阿里，你看什么呢？

男：我应聘的公司给我来的一封信，他们让我毕业后先去实习三个月。

问：关于男的我们知道什么？

23. 女：您好！是前台吗？可以帮我把晚饭送到房间来吗？

男：没问题。请问您需要点儿什么？

问：**女的很可能在哪儿？**

24．女：电视上说人每天睡眠要是少于6小时就会对身体有害。

男：对你可能是这样，对我就不一定了。

问：**从对话中我们可以知道什么？**

25．女：你觉得田教授的报告怎么样？

男：题目很有意思，但是内容比我想象的难。

问：**男的觉得这个报告怎么样？**

第三部分

一共 20 个题，每题听一次。

例如：男：把这个文件复印五份，一会儿拿到会议室发给大家。

女：好的。会议是下午3点吗？

男：改了。三点半，推迟了半个小时。

女：好，602 会议室没变吧？

男：对，没变。

问：**会议几点开始？**

现在开始第 26 题：

26．女：听说您从六岁就开始演出了。

男：是啊，那时候虽然年纪小，但是也跑了不少地方。

女：那时候您的生活谁照顾呢？

男：我的妈妈很辛苦，我到哪里演出，她就跟到哪里。

问：**男的是做什么工作的？**

27．女：去中国朋友家做客要注意什么？

男：现在一般要提前打个电话，去的时候最好带些礼物。

女：买什么礼物好呢？

男：水果啊、点心啊都可以，但梨不能作为礼物。

问：**关于到中国朋友家做客，下面哪项是对的？**

28. 男：火车站附近的空房子有吗？

女：您需要多大的？

男：我一个人住，一个房间就可以了。一个月多少钱？

女：这间六楼的有点儿旧，1500元一个月。三楼的这间比较新，2000元一个月。

问：**男的想做什么？**

29. 女：飞机八点半起飞，还有时间吃早饭吗？

男：只剩下三十分钟了，来不及了。

女：你忘了，你的表快二十分钟。

男：哦，是啊，那还好。

问：**男的后来的心情怎么样？**

30. 男：妈妈，我在路上看到这只小狗很可怜，就把它抱回来了。

女：可是它身上很脏，会不会是生病了？

男：给它洗洗澡就行了。

女：那好吧，不过要先去给它做个检查。

问：**他们可能要做什么？**

31. 女：这车可真漂亮，是你的吗？

男：有时候是我的。

女：为什么？

男：我女儿出去玩儿的时候这车是她的；我儿子去看球赛的时候是他的；我太太去逛街的时候又是她的；只有这车脏了，该洗的时候才是我的。

问：男的什么时候可以开他的车？

32. 女：这种空调怎么这么贵？3650 块钱。

男：这边有一种便宜的，只要 2300 元，但是只有冷风，没有暖风。

女：有没有冷暖风都有，又不太贵的？

男：这种 3050 元的您看怎么样？

问：女的可能买哪种空调？

33. 男：好久不见了，最近怎么样？

女：刚找了一份新工作。

男：是上网找的工作吗？

女：我在网上和报纸上找了几个月都没找到，后来一个朋友给我介绍了这个工作。

问：女的怎么找到工作的？

34. 男：你每天怎么来学校？

女：我家离学校很近，有时候骑车，有时候走着来。

男：多好啊，我每天六点就得到车站等车。

女：你怎么不坐地铁啊？又快又方便。

问：男的每天怎么来学校？

35. 男：星期六一起去听音乐会吧。

女：我觉得看电影比听音乐会更有意思。

男：好，那我们看完电影去吃饭怎么样？

女：行，不过你得先陪我去修手机。

问：女的星期六先去做什么？

第 36 到 37 题是根据下面一段话：

本公司现需经理一名，要求大学本科以上学历，从事相关工作三年以上，年龄四十岁以下，英语熟练，身体健康。此外，本公司还需办公室工作人员三名，要求汉语言文学或相关专业毕业，大学本科以上学历，性格开朗，吃苦耐劳。

36．以下哪项是对办公室工作人员的要求？

37．以下哪个人可能成为这个公司的经理？

第 38 到 39 题是根据下面一段话：

我的家是一个大家庭。爷爷今年 80 岁了，他是一位中医大夫。奶奶 79 岁了，他们身体都很健康。爸爸是一家银行的职员。妈妈以前是护士，现在不工作了。我有三个姐姐，大姐今年 32 岁，二姐 29 岁，三姐 25 岁，我最小，今年 22 岁，是家里唯一的男孩儿。

38．妈妈现在做什么工作？

39．家里一共有几个孩子？

第 40 到 41 题是根据下面一段话：

西安是一座古老的城市。它是公元前 12 世纪建成的，先后有 13 个朝代都将西安作为首都，所以人们把它称为"天然历史博物馆"。西安的气候四季分明，著名的景点有古城墙、兵马俑、大雁塔等。

40．下面哪一项不是西安的特点？

41．为什么人们把西安称为"天然历史博物馆"？

第 42 到 43 题是根据下面一段话：

本市今天夜间有小到中雨，最低气温零下 5 度。明天白天阴转晴，西北风 5 到 6 级，最高气温 10 度。预计近期有一股冷空气光临我市，将带来大风降温。下周本市将迎来今年的第一场雪。

42．明天白天最高多少度？

43．下面哪项是正确的？

第 44 到 45 题是根据下面一段话：

　　最近电影院里在演《功夫熊猫》这部动画电影。不仅孩子们喜欢看，大人们也非常喜欢。尤其是《功夫熊猫Ⅱ》使用了 3D 效果，让观众觉得更有真实感。但是我觉得电影票太贵了，所以是星期三半价的时候去看的。

44．《功夫熊猫》这部电影怎么样？

45．他什么时候去看的电影？

听力考试现在结束。

听力模拟试题③答案及题解

第一部分

1. ×。问题句说"新邻居的歌声很好听"，但听录音可以知道，"我们一听到她的歌声就头疼"，这里的"头疼"不是生病的症状，而是一种心情，表示烦恼、不愉快。因此可以知道新邻居的歌声并不好听。

2. ×。问题句说"最近很多人去动物园看熊猫宝宝了"，这相当于一个完成式，意思是很多人已经去看过了，但是录音中说"很多人都打算去亲眼看看这个可爱的小家伙"，"打算"说明人们现在还没有去看熊猫，是以后的事情。此外，录音中说熊猫宝宝下个月才能跟游客见面，也可推断出现在还不能看熊猫宝宝。

3. ×。问题句中的"爸爸妈妈怕他照顾不了自己"虽然在录音中出现过，但是时间不对，录音中说的是"开始爸爸妈妈不同意我来中国留学，因为他们怕我照顾不了自己"，也就是说怕"我"照顾不了自己是妈妈爸爸以前的想法，而不是现在的。

4. √。录音中说"和老人说话要用礼貌用语"，"比如"后面是为了说明前一句而举的例子。因此，问老年人年龄不能说"你几岁了？"，因为这是一个不礼貌的句子。

5. √。录音最后一句"受到了各个年龄层次人们的欢迎"，"各个年龄层次"是指不同年龄的人，包括孩子、青年人、中年人、老年人。所以这句话的意思是不论哪个年龄的人都喜欢牛仔裤。问题句中说的"孩子和老人也喜欢牛仔裤"符合这个意思，是正确的。

6. ×。录音第一句就说"人的健康不仅指身体上没有疾病，还包括心理健康"。"不仅A，还B"这个句式表示递进关系，句意包括A和B两个部分，B比A更进一步。因此，人的健康应该是"身体上没有疾病"和"心理健康"两个部分。

问题句中"身体没有病就是健康的人"只说了其中一个部分，是不正确的。

7．×。这道题干扰信息比较多。录音中说"这台电视虽然有点儿旧，但是看得很清楚"，由此可知这是一台旧电视，但是并没有坏。说话人要回国了，他想把这台电视送给朋友，朋友就不用买新电视了，并不是说话人买了新电视。

8．√。录音中先说体育馆里可以"练太极拳，打羽毛球，打乒乓球"，但是"要想打篮球就要到外面的篮球场去"，说明学生们不可以在体育馆里打篮球。

9．×。录音中说话人要求对方把文章发到邮箱里，因为"我每天晚上都上网"，由此可以知道说话人上网很方便，但同时他担心对方不方便上网，所以说了"如果你不方便上网"，这是说对方的情况，并不是他自己。

10．×。录音中说"到了节假日价格会涨一倍"，也就是用平时的价钱 300 乘以 2：300×2=600，节假日的价格应该是 600 元一天。

第二部分

11．B。录音中男的说"北方的天气四季分明，不像南方"，说明南方的天气不是四季分明。女的说"我们那儿的春夏秋冬就不太明显"，"我们那儿"是指女的生活的地方，"春夏秋冬就不太明显"是四季不分明的意思，由此可以推断出女的是南方人。选项 C 和 D 无法在录音中找到直接依据，因此最准确的一项是 B。

12．D。录音中第一句男的说"刚才不是写完了吗？"是一个"不是……吗"结构的反问句，意思是：刚才已经写完了，为什么还在写？女的的回答是关键信息，"刚才写错了两个字，不得不重新写一遍"，回答了男的的问题。由此可知选项 D 正确。

13．B。通过四个选项，可以猜测出问题是关于地点的，而且各个选项内容和结构很相似，所以要认真听录音中关于地点的表述。第二句说"二楼右手第三个教室"告诉了我们答案。"二""三"两个数字容易听混淆，听录音时要注意记录。

14．C。女的劝男的停止抽烟，但是男的说"想停也停不了啊"。"想……

也……不了"的意思是虽然很想做一件事，但是却做不到。因此男的的意思是他虽然想停止抽烟，但是却很难做到，因为抽烟的时间太长了。

15．B。请注意问题句中问的是一天吃几片，而不是一次吃几片。录音中说"白色的早晚各两片，绿色的早中晚各一片"，白色的药早上吃两片，晚上吃两片，一天一共吃四片。

16．C。录音中第一句女的说"这件衣服样子和颜色都不错，就是没有大号的了"，前半句说明女的对样子和颜色都满意，后半句的"就是"表示转折，也就是说"可是没有大号的了"，说明女的想要大号的。所以，她是对衣服的尺寸不满意。

17．D。录音中男的回答得比较委婉，并没有直接说女的不合适，而是先说"做朋友还行"，首先肯定了那个女的是比较好的，但又说"当妻子的话就有点儿……"，这是重点。"有点儿"后面的内容没有说出来，也可以理解为不好意思说出来，也就是说他认为女的不适合当妻子。听这类题目的录音时，要特别注意说话人的语气。

18．D。这道题的问题是男的想学什么。选项的 A、B、C 三项内容都出现在了第一句里：女的因为上网聊天，所以交到了很多中国朋友。第二句是关键句，"我不会用中文打字，你教教我吧"，说明男的也想通过上网聊天交朋友，但是他不会用中文打字。所以，他想学习用中文打字，选项 D 正确。

19．B。录音中男的说他是《城市发展》杂志的，说明《城市发展》是一本杂志的名字，"城市"不是李教授所在的地方。第二句女的告诉男的李教授现在不在，说明李教授现在不在家里。接着她说"你可以打他办公室电话"，说明打办公室电话可以找到李教授，由此可知李教授现在在办公室。本题通过浏览选项可知问题与地点有关，听录音时应重点记录与地点相关的信息。

20．C。这道题需要使用排除法，考生要边听边记。录音第二句说"填上姓名、地址、电话，最后在右下角签字就可以了"，对照选项可以发现"姓名、地址、电话"都出现了，只有"国籍"没有在录音中出现，所以 C 是正确答案。

21．D。录音中第一句问"昨天汉语比赛你紧张吗？"，所以后面的对话都是围绕是否紧张进行的。第二句中男的回答"脸发热，手发凉"，虽然没有直接说出"紧张"这个词，但是这些反应都是紧张的表现。

22．A。通过录音可以知道阿里正在看一封信，这是他应聘的公司给他寄来的。第二句说"他们让我毕业后先去实习三个月"，从这句话可以知道几个信息：阿里现在还没毕业，阿里毕业后可以去那家公司实习，实习是将要发生的事情。由此可以得出选项 A 是正确答案。B 和 C 在时间上不对，D 选项的内容在录音中并没有提到。

23．A。女的说的话是关键句，"可以帮我把晚饭送到房间来吗"，可以知道她现在在房间里，不在外面，也不在饭馆。而如果在家里的房间的话，则不会有前台，由此可以推断出她最有可能在宾馆的房间里。

24．D。女的说"电视上说人每天睡眠要是少于 6 小时就会对身体有害"，她是告诉男的每天睡觉的时间应该比 6 小时长，不然就不健康，但男的说"对你可能是这样，对我就不一定了"，意思是对他来说，睡眠少于 6 小时也不一定会对身体有害。由此可以判断出男的不同意女的说的话，也可以推断他平时睡觉的时间不长，选项 D 正确。

25．A。男的说："题目很有意思，但是内容比我想象的难。"这种转折复句的主要意思往往在转折连词的后面。男的觉得报告内容比他想象的难，选项 A 正确。

第三部分

26．B。录音中女的和男的分别说了"听说您从六岁就开始演出了""我到哪里演出，她就跟到哪里"，"演出"出现了两次，由此可以判断出男的是演员。选项中容易起到干扰作用的是 D"导游"，因为录音中出现了"去了不少地方"。考生要注意正确把握和理解关键信息，排除干扰。

27．A。女的问了两个问题："去中国朋友家做客要注意什么"和"买什么礼物"。男的认为要注意的事有两个："提前打个电话"和"带些礼物"，可知选项 A 是对的；关于买礼物，男的认为水果、点心都可以，意思是买水果或者买点心，但并没有说水果、点心都要买，可知选项 C 和 D 是错的；男的最后说"梨不能作为礼物"，也就是送礼物的时候不能送梨这种水果（因为"梨"音同"离别"的"离"，让人有不好的联想），所以不是所有的水果都可以做礼物，选项 B 是错的。

28．B。根据录音第一句可知男的在找房子，可以推断出他想买房子或者租房子。第三句中男的问"一个月多少钱"，因为一般租房子才会按月付钱，所以可以推断男的是想租房子。第四句是关键句，女的给他介绍了两种房子，一种"有点儿旧，1500 元一个月"，一种"比较新，2000 元一个月"，由这些信息可以确定男的在租房子。

29．C。四个选项都与心情有关，考生听录音时应该关注与心情相关的内容。男的开始说"只剩下三十分钟了，来不及了"，这时候他的心情应该是比较着急的。但女的告诉他"你的表快二十分钟"后，他说："哦，是啊，那还好。"因为时间还来得及，他的心情变轻松了。

30．B。这道题很可能被选项 A 中的"给小狗洗澡"所干扰，妈妈觉得孩子捡回来的小狗太脏了，但是孩子说"给它洗洗澡就行了"，妈妈虽然答应了，但是要求在给小狗洗澡之前"要先去给它做个检查"，所以他们要做的第一件事是带小狗去医院做检查。

31．B。男的说的话是关键句："只有这车脏了，该洗的时候才是我的"。而"出去玩儿""看球赛""逛街"分别对应的是"女儿""儿子"和"太太"。

32．B。录音中出现了三种价格的空调。第一种 3650 元的空调女的觉得太贵了。售货员又给她推荐了一款 2300 元的，这个比较便宜，但是没有暖风，也不符合女的的要求。女的想要"冷暖风都有，又不太贵的"，根据她的要求，售货员又给她推荐了一种："这种 3050 元的您看怎么样？"这种空调价格比第一种便宜，而且冷暖风都有，符合女的的要求，我们可以推断女的可能买这种空调。

33．B。女的说"刚找了一份新工作"，可以得知她已经找到工作了。问题是她怎么找到工作的，第四句是关键句，女的说"我在网上和报纸上找了几个月都没找到"，说明她现在的工作不是从网上和报纸上找到的，而是"后来一个朋友给我介绍了这个工作"，所以选项B正确。

34．B。这道题有很多干扰项，只有第二句"我每天六点就得到车站等车"是问题的答案，说明男的坐公共汽车来学校。"骑车和走着来"是女的来学校的方式，"坐地铁"是女的给男的提出的建议，都不是男的现在使用的方式。

35．C。两人共提到了四件事情，分别是：听音乐会、看电影、吃饭、修手机。男的先提议去听音乐会，但女的觉得看电影更有意思，所以，他们决定星期六先看电影再吃饭。第四句很关键，女的提出"不过你得先陪我去修手机"，说明女的星期六最先做的事情是修手机。

36．A。录音中出现了两种职务：经理和办公室工作人员。首先要明确问题问的是办公室工作人员。要求有三点：汉语言文学或相关专业毕业——专业；大学本科以上学历——学历；性格开朗，吃苦耐劳——性格品质。这里只出现了专业要求，年龄、语言和工作经验都没出现，因此用排除法就可以得到答案。考生要特别注意经理和办公室人员分别对应的要求。

37．C。本题与36题一样，应用排除法。问题是"哪个人可能成为这个公司的经理？"，也就是要确定符合经理人选要求的选项。录音中提到的对经理的要求有"大学本科以上学历，从事相关工作三年以上，年龄四十岁以下，英语熟练，身体健康"，选项A不符合"从事相关工作三年以上"这一要求，选项B不符合"大学本科以上学历"这一要求，选项D不符合"英语熟练"这一要求。只有选项C 35岁符合要求，有可能成为经理。

38．D。录音中介绍了"我"的家庭成员的情况，像这样信息比较多的录音最好边听边记录。关于"我"的妈妈，说到了"妈妈以前是护士，现在不工作了"，选项D正确。

39．A。录音中说"我有三个姐姐"，加上"我"，家里一共有四个孩子。这道题要注意问题并不是问全家有几口人。

40．D。这道题要求考生对录音内容有整体的把握和理解。选项A"四季分明"是直接出现的；从"是一座古老的城市""是公元前12世纪建成的"可知选项B是对的；从"著名景点有……"可以判断出西安景点很多，选项C是对的；而录音中的兵马俑、大雁塔都是景点的名字，不是具体指"马和大雁"，因此选项D的解释是不对的。

41．A。录音中说"先后有13个朝代都将西安作为首都"，与后面的"所以人们把它称为'天然历史博物馆'"是因果关系，选项A正确。

42．D。通过选项可以判断出问题与温度有关，因此应该注意听录音中与温度有关或者出现5和10两个数字的内容。记录下关键内容"最低气温零下5度……最高气温10度"，可以知道今天到明天的温度是 $-5℃ \sim 10℃$。问题问的是最高温度，所以选项D正确。

43．B。选项A与录音中"最低气温零下5度……最高气温10度"的温度不相符；"明天白天阴转晴，西北风5到6级"说明明天不会下雨，但风比较大，选项C、D不对；"下周本市将迎来今年的第一场雪"说明下周天气会很冷，因此要多穿衣服，选项B正确。

44．C。录音中的"不仅孩子们喜欢看，大人们也非常喜欢"说明这个电影很好看，因此A和D是错的。"但是我觉得电影票太贵了"告诉我们电影票不便宜。由"尤其是《功夫熊猫Ⅱ》使用了3D效果，让观众觉得更有真实感"可以知道这部电影的3D效果很好，选项C正确。

45．B。浏览完选项后应该知道听录音时要注意与"星期……"相关的内容，并做笔记。最后一句话说"但是我觉得电影票太贵了，所以是星期三半价的时候去看的"，可知他是星期三去看的，选项B正确。

听力模拟试题④

第一部分

第 1—10 题：判断对错。

例如：我想去办个信用卡，今天下午你有时间吗？陪我去一趟银行？

★ 他打算下午去银行。 （ ✓ ）

现在我很少看电视，其中一个原因是，广告太多了，不管什么时间，也不管什么节目，只要你打开电视，总能看到那么多的广告，浪费我的时间。

★ 他喜欢看电视广告。 （ × ）

1. ★ 这句话说的是春天的风景。 （ ）

2. ★ 通过学习可以成为十全十美的人。 （ ）

3. ★ 他喜欢把高兴的事儿记下来。 （ ）

4. ★ 今天是农历八月十五。 （ ）

5. ★ 做菜的第二步是在热水里煮一下。 （ ）

6. ★ 电脑游戏有利于青少年的健康。 （ ）

7. ★ 他常常看DVD。 （ ）

8. ★ 他的女朋友每月要花 2000 元买衣服。 （ ）

9. ★ 婚姻的基础是互相信任。 （　　）

10. ★ 昨天他看完了演出。 （　　）

第二部分

第 11—25 题：请选出正确答案。

例如：女：该加油了，去机场的路上有加油站吗？

男：有，你放心吧。

问：男的主要是什么意思？

A 去机场　　　　B 快到了　　　　C 油是满的　　　　D 有加油站 ✓

11.　A 8：00　　　　B 1：00　　　　C 8：30　　　　D 9：00

12.　A 男的应该买闹钟　　　　　　B 不想提醒男的
　　　C 她没有闹钟　　　　　　　　D 答应提醒男的

13.　A 夫妻　　　　B 师生　　　　C 同学　　　　D 兄妹

14.　A 电影院里面　B 饭馆　　　　C 博物馆　　　　D 电影院门口

15.　A 坐出租车　　B 坐机场大巴　C 坐火车　　　　D 坐飞机

16.　A 听音乐　　　B 唱歌　　　　C 看书　　　　　D 看电视

17.　A 看电影　　　B 去饭店　　　C 去等玛丽　　　D 去超市

18. A 男的刚来这儿 B 男的没有女朋友
    C 男的常常自己做饭 D 男的不喜欢上网

19. A 星期一 B 星期二 C 星期三 D 星期四

20. A 她的作业已经写完了 B 不用着急写作业
    C 老师给的作业不太多 D 男的写作业的时间太长了

21. A 晚睡觉 B 早起床 C 早睡觉 D 晚起床

22. A 6：15 B 2：15 C 8：15 D 2：00

23. A 400块 B 530块 C 100块 D 480块

24. A 兴奋 B 难过 C 高兴 D 觉得麻烦

25. A 邮局的旁边 B 银行的前面 C 路口的旁边 D 银行的楼上

第三部分

第 26—45 题：请选出正确答案。

例如：男：把这个文件复印五份，一会儿拿到会议室发给大家。

女：好的。会议是下午3点吗？

男：改了。三点半，推迟了半个小时。

女：好，602 会议室没变吧？

男：对，没变。

问：会议几点开始？

A 两点 B 3点 C 3：30 ✓ D 6点

26. A 是假的　　　B 质量不好　　　C 最后一双　　　D 原来买的太贵

27. A 夫妻　　　　B 母子　　　　　C 师生　　　　　D 朋友

28. A 男的想让女儿学舞蹈　　　　　B 女的想让女儿学唱歌
    C 女的觉得学舞蹈很辛苦　　　　D 男的觉得孩子太累了

29. A 房间太大了　　B 交通不方便　　C 房价太贵了　　D 房子不太新

30. A 教室　　　　B 飞机场　　　　C 公司服务台　　D 办公室

31. A 不太会游　　B 会游　　　　　C 在海里会游　　D 不知道

32. A 黑色的，正方形，上面有一个红色的小锁
    B 棕色的，长方形，上面有一个红色的小锁
    C 黑色的，长方形，上面有一个红色的小锁
    D 棕色的，正方形，上面有一个红色的小锁

33. A 不好，常常戴眼镜　　　　　　B 不好，但不喜欢戴眼镜
    C 很好，为了保护眼睛戴眼镜　　D 很好，为了开玩笑戴眼镜

34. A 回家　　　　B 银行　　　　　C 超市　　　　　D 学校

35. A 足球　　　　B 篮球　　　　　C 跑步　　　　　D 太极拳

36. A 一种计算时间的单位　　　　　B 中国的一个节日
    C 一种计算距离的单位　　　　　D 光的一种

37. A 学校与超市的距离　　　　　B 太阳与地球的距离
    C 地球与月亮的距离　　　　　D 太阳与月亮的距离

38. A 通知　　　　B 广告　　　　C 说明　　　　D 论文

39. A 手机的价格　B 手机的用处　C 手机的外形　D 获得的礼物

40. A 他一直相信中医中药　　　　B 他想试试中药的效果
    C 他没有西药了　　　　　　　D 他认识那位医生

41. A 看舌头　　　　B 摸手腕　　　　C 问病情　　　　D 量体温

42. A 不想找工作　　　　　　　　B 想找到更好的工作
    C 锻炼自己的工作能力　　　　D 不想和别人竞争

43. A 学历高，工作放松　　　　　B 只要工作能力强就可以
    C 学历高，工作能力又强　　　D 只要学历高就可以

44. A 打篮球　　　　B 练太极拳　　　　C 慢跑　　　　D 做体操

45. A 年轻人　　　　B 老年人　　　　C 中年人　　　　D 老年人和年轻人

听力模拟试题④录音文本

（音乐，30秒，渐弱）

大家好！欢迎参加 HSK（四级）考试。

大家好！欢迎参加 HSK（四级）考试。

大家好！欢迎参加 HSK（四级）考试。

HSK（四级）听力考试分三部分，共 45 题。

请大家注意，听力考试现在开始。

第一部分

一共 10 个题，每题听一次。

例如：我想去办个信用卡，今天下午你有时间吗？陪我去一趟银行？

★ 他打算下午去银行。

现在我很少看电视，其中一个原因是，广告太多了，不管什么时间，也不管什么节目，只要你打开电视，总能看到那么多的广告，浪费我的时间。

★ 他喜欢看电视广告。

现在开始第 1 题：

1. 真是个爬山的好季节。高高的蓝天上飘着几朵白云，树叶有的变黄，有的变红，真漂亮！

★ 这句话说的是春天的风景。

2. 任何人都有优点和缺点。没有人是十全十美的。但是通过学习，你可以减少自己的缺点，增加自己的优点。

★ 通过学习可以成为十全十美的人。

3．我有写日记的习惯，不论高兴的事儿还是难过的事儿，我都喜欢写在自己的日记本上。

★ 他喜欢把高兴的事儿记下来。

4．今天是中秋节，街上可热闹了。每年农历八月十五这天，中国人都要看花灯，这是中国的传统节日习俗。

★ 今天是农历八月十五。

5．先把菜洗干净，再切成小块儿，然后放在热水里煮一下，最后放点儿盐和油就可以吃了。

★ 做菜的第二步是在热水里煮一下。

6．现在很多青少年一玩儿电脑游戏就忘了学习，忘了工作，甚至忘了吃饭和睡觉。

★ 电脑游戏有利于青少年的健康。

7．我是个电影迷，不过我不喜欢看 DVD，只有到了电影院才能真正找到看电影的感觉。

★ 他常常看 DVD。

8．我的女朋友是个非常爱美的人，她每月买衣服的钱占她工资的二分之一。所以，她的 4000 元工资常常不够花。

★ 他的女朋友每月要花 2000 元买衣服。

9．夫妻之间最重要的是互相信任，如果失去了这个基础，婚姻就可能出现问题。

★ 婚姻的基础是互相信任。

10．昨天的演出特别精彩，可惜我必须9点去机场接朋友，看了一半只好先离开了。

★ 昨天他看完了演出。

第二部分

一共 15 个题，每题听一次。

例如：女：该加油了，去机场的路上有加油站吗？

男：有，你放心吧。

问：男的主要是什么意思？

现在开始第 11 题：

11．男：请问，图书馆几点开门？

女：平时八点开门，周末要晚一点儿，八点半开门。

问：图书馆周三几点开门？

12．男：明天别忘了提醒我给公司打电话。我的事情太多了。

女：我又不是你的闹钟。

问：女的的话是什么意思？

13．女：我每天洗衣服、做饭，你就知道看电视。

男：电视坏了我还负责修理呢。

问：他们可能是什么关系？

14．女：买到票了吗？

男：最后两张，看完再吃饭吧，电影快开演了。

问：他们可能在哪儿？

15．女：明天你打算怎么去机场？

男：我想查查看哪里有机场大巴，坐出租车太贵了。

问：**男的打算怎么去？**

16．女：你晚上在家喜欢做什么？

男：我喜欢听音乐、看书，不过我更喜欢看电视，这比看书有意思多了。

问：**男的晚上最喜欢做什么？**

17．男：你们明天下班直接去饭店吗？

女：明天我得早点儿走，我要去超市买点儿东西，然后在电影院门口等玛丽。她不认识那个饭店。

问：**女的明天下班先去做什么？**

18．女：你来这儿已经好几年了吧，怎么连哪儿有电影院都不知道？

男：电影院都是和女朋友去的地方，我一般就去网吧和饭馆。

问：**关于男的，哪项是对的？**

19．男：我弟弟星期五要来中国，我不能来上课了。

女：可是后天有考试啊。

问：**今天星期几？**

20．男：今天真是累死了，老师给的作业太多了。我写了一天，终于写完了。

女：作业不是放假以后才交吗？

问：**女的是什么意思？**

21．男：你每天都睡这么晚、起这么晚吗？

女：以前是，不过今天晚上打算改变一下。

问：**女的今天有什么打算？**

22．男：请问，六点一刻都过了，火车怎么还没到啊？

女：对不起，这趟火车晚点了，因为路上有一座桥坏了。大概要晚两个小时。

问：火车几点能到？

23. 女：这件毛衣多少钱？

男：原价500块，现在便宜了，打八折。

问：这件毛衣多少钱？

24. 男：晚上吃什么？

女：你说吧，你既不爱吃青菜，又不爱吃肉，还不能吃辣的，真让人头疼。

问：女的是什么心情？

25. 女：请问，去红叶餐厅怎么走？

男：前面的第二个路口右拐，邮局旁边有一家银行，银行楼上就是。

问：红叶餐厅在哪儿？

第三部分

一共 20 个题，每题听一次。

例如：男：把这个文件复印五份，一会儿拿到会议室发给大家。

女：好的。会议是下午3点吗？

男：改了。三点半，推迟了半个小时。

女：好，602会议室没变吧？

男：对，没变。

问：会议几点开始？

现在开始第26题：

26. 男：昨天买了一双鞋，才三十多块。

女："便宜没好货"，肯定质量不好。

男：就这一双了，所以才降价的。原价100多块呢。

女：我看是假的。

问：男的买的鞋为什么便宜？

27．女：出门千万要注意安全，天冷多穿衣服。

男：您都说了多少遍了，我记住了。

女：还有，危险的地方不要去，要常给家里打电话。

男：我又不是小孩子。

女：在我眼里你永远都是孩子。

问：说话人之间可能是什么关系？

28．女：我想让咱们女儿从小学舞蹈，以后当个舞蹈家。

男：学舞蹈多辛苦啊，还是学唱歌吧。

女：要不周六学舞蹈、周日学唱歌？

男：你想把孩子累死啊！

问：下面哪句话是对的？

29．女：这个房子怎么样？

男：房间挺大的，房子也挺新的，就是附近没有公交车站，也没有地铁站。

女：可是交通方便的房子太贵了啊。

男：一分钱一分货嘛。

问：男的觉得这个房子哪儿不好？

30．男：我想到你们的大学学习，请问要办什么手续？

女：请先填写一张申请表，交两张照片。

男：我今天没带照片，明天再来可以吗？

女：可以，您回去把申请表填好，明天一起带来。

问：对话是在哪儿发生的？

31. 男：明天我请你去体育大学游泳馆玩儿。

    女：那儿的水太深了，我不敢游。

    男：你去年不是还去海里游泳了吗？

    女：那不是有游泳圈吗？

    问：女的会游泳吗？

32. 男：小姐，我的行李箱找不到了。

    女：请问您的行李箱是什么样的？

    男：黑色的，长方形，上面有一个红色的小锁。

    女：请别担心，我们帮您找一下。

    问：男的的行李箱是什么样的？

33. 男：今天怎么戴眼镜了？

    女：我的视力不好。

    男：那平时怎么没看见过你戴眼镜啊？

    女：跟你开玩笑呢。我常常看电脑，戴眼镜是为了保护眼睛。

    问：女的眼睛好吗？

34. 女：喂，你在哪儿？我忘带钥匙了。

    男：我在银行取钱，你来找我吧。

    女：哪家银行？大概什么时候回来？

    男：就是超市前面的中国银行。快点儿，我还要去学校。

    问：女的一会儿去哪儿？

35. 男：你对什么运动感兴趣？

    女：平时喜欢比较慢的运动。

    男：那你一定不喜欢足球。

    女：如果是你踢，我一定喜欢看。

    问：女的可能对什么运动感兴趣？

第 36 到 37 题是根据下面一段话：

"年"是时间单位，但"光年"虽有个"年"字却不是时间单位，而是天文学上一种计算距离长度的单位。光行走一年的距离叫"一光年"。光年一般用来计算很遥远的距离，如地球与其他星球之间的距离。

36. "光年"是什么？

37. "光年"不能计算哪种距离？

第 38 到 39 题是根据下面一段话：

这种手机是新产品。它集照相机、摄像机、电脑于一身，用处很多，而且使用起来非常简便。它的大小只有电脑的八分之一，厚度只有相机的二分之一。如果您今天购买这种手机，还将得到一个价值 280 元的 4G 优盘作为礼物。

38. 这段话最可能来自哪儿？

39. 这段话中没有提到什么？

第 40 到 41 题是根据下面一段话：

我以前不太相信中医和中药，但是有一次我咳嗽咳得特别厉害，吃了很多西药都没有用，只好试试中药。到了医院，医生问了我的病情，又看了看我的舌头，摸了摸我的手腕，就给我开了一些中药。喝了几天以后，咳嗽竟然好了。现在，我十分相信中医中药的效果。

40. 他为什么吃中药？

41. 医生没有做什么？

第 42 到 43 题是根据下面一段话：

现在很多大学生毕业后并不急于找工作，而是选择继续学习，考研究生。他们认为学到的知识和技能越多，越容易在竞争中获胜。而另一方面，招聘单位在提高对应聘者学历要求的同时，也没有放松对工作能力的要求。

42. 许多大学生毕业时为什么选择考研究生？

43．招聘单位对应聘者有什么要求？

第 44 到 45 题是根据下面一段话：

你喜欢晨练吗？早上六点多，天刚刚亮，公园里，广场上，已经到处都是晨练的人了。他们有的练太极拳，有的慢跑，有的几个人在一起做体操。不过我发现，晨练的人群里老人比年轻人要多得多。

44．这段话里没有提到的晨练活动是什么？

45．什么人常常晨练？

听力考试现在结束。

听力模拟试题④答案及题解

第一部分

1．×。这道题要求考生通过录音中的描述来判断季节。录音中说了天空和树叶的特点。天空的特点是"高高的"，树叶的特点是"有的变黄，有的变红"，可以大致判断出现在是秋天。而问题句中说是春天的风景，是错的。

2．×。录音开始就说"没有人是十全十美的"。"通过学习，你可以减少自己的缺点，增加自己的优点"是说学习可以让自己变得更好，但没有说能够达到十全十美的程度。

3．×。"不论高兴的事儿还是难过的事儿，我都喜欢写在自己的日记本上"说明"我"喜欢记录不同的事情，"不论……，都……"表示包括多种情况。题目中只说了记录高兴的事儿，因此是不全面的。

4．√。录音中虽然没有直接说中秋节就是农历八月十五，但是"街上可热闹了""每年农历八月十五这天，中国人都要看花灯"，说明今天就是农历八月十五，是热闹的中秋节。

5．×。录音中用了"先……，再……，然后……，最后……"这几个表示顺序的连词。也就是说，第一步是把菜洗干净，第二步是切成小块儿，第三步是放在热水里煮一下，第四步是放点儿盐和油。因此，第二步是"切成小块儿"。

6．×。录音中说"一玩儿电脑游戏就忘了学习，忘了工作，甚至忘了吃饭和睡觉"，这个句子使用了"一……就……"，表示在某种情况下一定会出现某个结果。也就是在玩儿电脑的情况下，一定会忘了工作，忘了学习，忘了吃饭和睡觉，这样的结果当然对身体不好。

7．×。问题句中说的"常常看DVD"说明很喜欢，因为只有喜欢的事情才会常常做，而录音中说的是"我不喜欢看DVD"，两者的意思相反。

8．√。录音中说了"她每月买衣服的钱占她工资的二分之一"，又说了他的女朋友每月的工资数——"她的4000元工资"，4000元的一半就是2000元。所以问题句说他女朋友每个月要花2000元买衣服是对的。

9．√。录音中说"夫妻之间最重要的是互相信任"，首先肯定了互相信任是最重要的。然后又说"如果失去了这个基础……"，"这个基础"就是指前面说的"互相信任"，所以问题句是对的。

10．×。虽然说话人觉得昨天的演出特别精彩，但是"可惜"一词的后面说了他有一件不得不做的事情是"必须9点去机场接朋友"，只看了一半就先走了，所以他没看完演出。

第二部分

11．A。问题句问的是周三几点开门。录音中说"平时八点开门"，"平时"指周一到周五。周三是"平时"，不是"周末"，因此选项A是正确答案。8:30是周末（即周六、周日）的开门时间。

12．B。录音中男的想让女的提醒他给公司打电话，但是女的说"我又不是你的闹钟"，女的说话的口气是不满意男的的请求，不想做这件事。"闹钟"在这里只是一个比喻，并不是真正要买一个闹钟。

13．A。录音开始时女的说的"我每天洗衣服、做饭"中的"洗衣服、做饭"都是家务活儿，可以知道女的经常在家做家务，但是男的在家只看电视，女的这样说表示对男的的行为不满。由以上信息可以判断他们是夫妻关系。

14．D。根据女的问男的"买到票了吗？"可以推断出男的刚买完电影票，而且他们还没进入电影院。从男的说的话中又可以知道电影快开演了。男的建议"看完再吃饭"，可以判断出他们不在饭馆，因此，这时候他们最有可能在电影院门口。

15．B。男的说"坐出租车太贵了"，说明他不想坐出租车。"我想查查看哪里有机场大巴"，"机场大巴"即往返机场的公交巴士，说明男的想坐机场大巴去机场。听清问题后，很容易判断出选项C和选项D并不合理，可以直接排除。

16．D。在转折复句中，重点的语义往往在转折连词后面。男的先肯定了自己喜欢听音乐、看书，但他又说了"不过我更喜欢看电视"，说明男的最喜欢的是看电视。考生听到"不过"或者"但是"这一类的转折连词时，应该注意听它们后面的内容并做好笔记。

17．D。在女的说的话中，"超市""电影院""等玛丽""饭店"四个选项信息都出现了，给考生带来了很大干扰。但是根据女的的活动顺序"去超市，然后……等玛丽"可以判断出她先做的事是去超市。

18．B。女的说"你来这儿已经好几年了"，可知男的不是刚来这儿，选项A不对。男的说"我一般就去网吧和饭馆"，说明他喜欢上网，而且去饭馆吃饭，自己不常做饭，选项C、D不对。他认为电影院是和女朋友一起去的地方，这就回答了女的"怎么连哪儿有电影院都不知道"的问题，也就是说他没有女朋友，所以才不知道哪儿有电影院。

19．C。这是一道时间推断题。录音中说女的的弟弟星期五来，从女的说的话又可以知道星期五是后天，所以今天应该是星期三。

20．B。男的说"累死了""老师给的作业太多了""终于写完了"是在跟女的抱怨作业很多，他很累。女的用了一个反问句"作业不是放假以后才交吗？"，说明女的对男的用一天写完作业表示很吃惊，因为她觉得写作业的时间还很长，不用这么着急写完。

21．C。男的问女的"每天都睡这么晚、起这么晚吗？"，女的先肯定回答说"以前是"，由此可知以前女的都睡得很晚，接着女的说"不过今天晚上打算改变一下"，那么她要改变的就是睡得晚这个习惯，说明她今天打算早睡。

22．C。由开始男的的问题可以推测火车应该六点一刻到站，但是现在还没有到。女的告诉他"大概要晚两个小时"，说明火车到达的时间将比6：15晚两个小时，即8：15到达。

23．A。根据选项内容可知本题可能是问价格，听录音时考生应该注意记录相关信息。毛衣原价是 500 块，打八折也就是原价的 80%：500×80%=400，毛衣的价格是 400 块。

24．D。女的最后说"真让人头疼"，这里的"头疼"一般指遇到比较难办、麻烦的事情。再结合前面她说的"你既不爱吃青菜，又不爱吃肉，还不能吃辣的"可以知道男的吃饭非常挑剔，要想出他喜欢吃的东西很麻烦。最符合以上内容的一项是选项 D。

25．D。这是一道地点题，一般的问题都会是"……在哪儿？"。所以，注意力应集中在第一句提到的地点——红叶餐厅。第二句说了去红叶餐厅的路线，最后说"银行楼上就是"，这是关键信息，由此得出正确答案。

第三部分

26．C。女的说的"便宜没好货"，意思是便宜的东西一般质量不好，所以女的认为男的买的鞋之所以便宜，是因为质量不好。男的不同意女的说的话，他解释说是因为只剩一双了，所以才降价的。因此，便宜的真正原因是"最后一双"，选项 C 正确。

27．B。女的对男的非常关心，叮嘱他注意安全、多穿衣服，而且说到了要多给家里打电话，由此可以判断出女的一定是男的的家人。最后一句说"在我眼里你永远都是孩子"，这显然是母亲的口气，可以推断他们是母子关系。

28．D。通过第一句和第二句可以知道，女的想让孩子学舞蹈，男的觉得学舞蹈太辛苦，想让孩子学唱歌，所以选项 A、B 是错的。女的既然想让孩子学舞蹈，就不会觉得学舞蹈辛苦，而是男的觉得学舞蹈辛苦，所以选项 C 也是错的。最后一句男的说"你想把孩子累死啊"，可以看出男的觉得孩子太累了，选项 D 正确。

29．B。根据选项可以大致推断问的是房子的特点，考生听录音时应注意相关信息。"就是附近没有公交车站，也没有地铁站"一句中，"就是"有转折的语义，表示基本满意的情况下，有一点不满意的地方，也就是说这个房子大而新，他们都很满意，但是唯一的缺点是交通不方便。此外，从男的说"一分钱一分货"可以判断出这个房子的价格比较便宜。所以这个房子不好的地方就是交通不方便。

30．D。这是一道关于对话发生地的问题，要抓住与地点有关的信息。录音中说到了"办手续""填申请表""交照片"等内容，可以判断出男的要报名到这所大学学习，所以他们现在应该在学校办公室。

31．A。女的听到男的邀请她去游泳后，说："那儿的水太深了，我不敢游。"由此可以推断出她游泳游得不太好。随后对于男的的疑问，她又用了一个反问句"那不是有游泳圈吗？"，也就是说在有游泳圈的情况下她才能在海里游泳，由此可以进一步确定她不太会游泳。

32．C。根据选项可知问题问的是一个东西的特点，其中"上面有一个红色的小锁"在四个选项中都出现了，可知为确定信息。考生听录音时只需关注和记录这样东西的颜色和形状即可，通过录音第三句可以得到正确答案。

33．C。女的开始说"我的视力不好"，这是一个干扰信息。后面她又说"跟你开玩笑呢"，由此可知她的视力不好是假的。根据后面她说的"我常常看电脑，戴眼镜是为了保护眼睛"，可以确定选项C为最符合的一项。

34．B。题目的四个选项是四个地点，考生听录音时应该注意这几个地点以及它们分别对应的信息。题目问的是女的一会儿要去哪儿。通过录音可以知道女的忘带钥匙了，她要去找男的拿钥匙，而男的现在在银行，所以女的应该去银行找他。

35．D。女的说她喜欢慢一点儿的运动，在"足球、篮球、跑步、太极拳"四个选项中，只有选项D"太极拳"符合这个特点，是比较慢的运动。录音第四句是一个干扰信息，女的的意思并不是喜欢足球，而是喜欢看这个男的踢足球。

36．C。录音一开始就说光年不是时间单位，所以选项A是错的。"是天文学上一种计算距离长度的单位""光行走一年的距离叫'一光年'"，这两句说明光年是一种计算距离的单位，所以选项C是对的。

37．A。录音中说"光年一般来计算很遥远的距离，如地球与其他星球之间的距离",因此,一般的距离不能用光年来计算。选项A"学校与超市的距离"不适合用"光年"来计算。

38．B。通过选项可以推测问题是问录音内容的体裁的。录音中介绍了这种手机的功能和优点,最符合一个广告的特点。

39．A。运用排除法。录音中提到的内容有:"它集照相机、摄像机、电脑于一身,用处很多"——选项B"手机的用处";"它的大小只有电脑的八分之一,厚度只有相机的二分之一"——C"手机的外形";"如果您今天购买这种手机,还将得到一个价值280元的4G优盘作为礼物"——D"获得的礼物"。唯一没有提到的是A"手机的价格"。

40．B。通过录音内容可以知道,他在吃了很多药都没有用的情况下,"只好试试中药",也就是想试试中药是不是有用,效果如何,和选项B一致。他以前并不太相信中医和中药,是那次咳嗽好了之后才相信中医中药的,所以选项A不准确。选项C和D都与录音内容关系不大,比较容易排除。

41．D。运用排除法。录音中提到"医生问了我的病情,又看了看我的舌头,摸了摸我的手腕,就给我开了一些中药",没有提到量体温。

42．B。录音中说"他们认为学到的知识和技能越多,越容易在竞争中获胜",这里说到的竞争就是工作中人和人的比拼,获胜了就可以获得更好的工作。因此,原因应该是想找到更好的工作。

43．C。录音中说"招聘单位在提高对应聘者学历要求的同时,也没有放松对工作能力的要求",可以看出招聘单位对应聘者有两方面的要求,第一是学历高,第二是有工作能力。

44．A。运用排除法。录音中提到了"练太极拳""慢跑""做体操",没提到"打篮球"。

45．B。录音最后一句说晨练的人群里老人比年轻人要多得多,说明常常晨练的人是老年人,年轻人少。

HSK（四级）· 书写

　　书写部分在HSK（四级）考试中共占25分钟的时间，分两部分：第一部分为完成句子，共10道题，用时15分钟；第二部分为看图用词造句，共5道题，用时10分钟。

　　下面首先做一套自测题，看看你能在多长时间内完成。然后，我们会分别对这两部分进行讲解和训练。最后是模拟题练习。

第一单元

书写自测

书写自测题

第一部分

第 86—95 题：完成句子。

例如：那座桥   800 年的   历史   有   了

那座桥有 800 年的历史了。

86. 环保   跟   问题   关系   每个人   都有

87. 东西   乘客   请拿好   下车的   自己的

88. 刚买的   昨天   手机   偷   被   了

89. 差不多   王老师的   岁数   我爸爸   跟

90. 队员   来的   是   不同国家   从   学校足球队的

91. 忘了   把   别   明天   汉英词典   带来

92. 我昨天   电话   给   过   三次   玛丽   打

93. 毕业   不记得   我   的   他是   哪个大学

210

94. 很快　　这个班的　　得　　留学生　　提高　　汉语水平

95. 听　　不懂　　话　　刚来中国的时候　　大卫　　根本　　司机说的

第二部分

第 96—100 题：看图，用词造句。

例如：　　　　　　　　　乒乓球

　　<u>她很喜欢打乒乓球。</u>

96.　　　　　　　　　着急

97.　　　　　　　　　习惯

98.　　　　　　　　　公园

99.　　　　　　　　　下雪

100.　　　　　　　　舒服

书写自测题答案及题解

第一部分

86.【答案】环保问题跟每个人都有关系。

【解析】先找出动词"有"，而"有"已经跟"都"绑在一起，组成"都有"，以"都有"为中心，先确定常见搭配"都有关系"，然后扩展至"A跟B有关系"，其中A和B应为名词或名词性短语，从而找出"A"和"B"分别对应的"环保问题"和"每个人"，一般来说，"每"跟"都"的距离最近，因此确定A为"环保问题"在前，B为"每个人"在后。

87.【答案】下车的乘客请拿好自己的东西。

【解析】先确定句子的主要动词为"拿"。本题所给的短语为"请拿好"，然后找到主语和宾语，组成"乘客请拿好东西"，接着添加名词的修饰性成分"下车的"和"自己的"，组成"下车的乘客"和"自己的东西"，自然连接成句。

88.【答案】昨天刚买的手机被偷了。／刚买的手机昨天被偷了。

【解析】先找出语法关键词"被"，由此初步判断这是一个"被"字句。结合"主语＋被（＋宾语）＋动词＋其他"的结构和句义，确定谓语为"被偷了"，主语为"手机"，副词"刚"修饰动词"买"表示时间不长。"的"字短语后常搭配名词，得到短语"刚买的手机"。时间词"昨天"与"刚买的……"搭配，表示"买"的动作发生在昨天，组成"昨天刚买的手机"；"昨天"也可以放到"被偷"前，表示丢手机的时间。

89.【答案】王老师的岁数跟我爸爸差不多。

【解析】看到"差不多"和"跟"，联想到常见搭配"A跟B差不多"。"王老师的"后面应搭配名词，根据词义确定短语"王老师的岁数"，然后确定A和B分别对应的内容，一般来说 A 部分主语应该明确话题，B 部分可省略重复部分，由此可以判断 A 为"王老师的岁数"，B 为"我爸爸（的岁数）"。

90．【答案】学校足球队的队员是从不同国家来的。

　　【解析】根据"是从……"和"来的"先判断出句子为"是……的"结构，接着确定最小组合"从不同国家"和"学校足球队的队员"，接着扩展组合"是从不同国家来的"，判断出句子主语为"学校足球队的队员"。

91．【答案】明天别忘了把汉英词典带来。／别忘了明天把汉英词典带来。

　　【解析】通过"把"和动词"带来"，可以推断这是一个"把"字句；而"别"表示禁止做某事，一般与动词搭配，构成祈使句，由此可以判断本句是祈使"把"字句。结合"把"字句和祈使句的基本结构，确定短语"别忘了""把汉英词典带来"，接着添加修饰性成分，组成"明天别忘了"，再通过句意判断"把"后面的内容应该放在"别忘了"之后。"明天"也可以放到"别忘了"后面。

92．【答案】我昨天给玛丽打过三次电话。

　　【解析】通过所给词语可以确定句子主要结构为"A 给 B 打电话"。接着确定最小组合"打电话""给玛丽"。表示动作经历的助词"过"应直接放在动词后，组成"打过"，与动量短语"三次"组成表示行为的短语"打过三次"，添加对象之后扩展成"给玛丽打过三次电话"，而这一行为的主体是"我"，所以"我昨天"放在句首，构成完整的句子。

93．【答案】我不记得他是哪个大学毕业的。

　　【解析】通过"是"和"的"可以判断这是一个带"是……的"结构的句子，接着确定最小组合"我不记得""他是""哪个大学毕业"，扩展组合"他是哪个大学毕业的"，根据句意判断"我不记得"应放在句首。

94. 【答案】这个班的留学生汉语水平提高得很快。

【解析】首先根据"的"的搭配规则确定短语"这个班的留学生",而由"得"的常用结构"V+得+补语"可得出短语"提高得很快"。"提高"的主体应是"汉语水平",因此,本句的主语是"这个班的留学生",话题是"汉语水平",谓语是"提高得很快",由此组成完整的句子。

95. 【答案】刚来中国的时候大卫根本听不懂司机说的话。／大卫刚来中国的时候根本听不懂司机说的话。

【解析】首先确定最小组合"听不懂""司机说的话",接着确定主语是"大卫",扩展组合成为"大卫听不懂司机说的话"。"根本"是副词,应放在动词前,且常与否定意义的词语搭配,因此确定短语"根本听不懂"。"刚来中国的时候"说明时间,作为修饰性成分可以放在主语后也可放在句首。

第二部分

96. 【参考答案】他不停地看手表,很着急。／他等不到出租车,很着急。／他很着急,因为今天上班要迟到了。

【解析】"着急"是形容词,确定句子主干为"某人—着急",接着扩充句子,可以结合图片中人物的表情和动作补充信息,例如可以猜测他着急的原因,也可描述他着急的样子。

97. 【参考答案】我不习惯吃中国菜。／我不习惯用筷子吃饭。／我很习惯吃中国菜。

【解析】"习惯"作为心理动词,可以加修饰词"很"或"不",后面可以直接接名词宾语,也可以接动词。根据图片内容,发挥想象,可以谈某人或自己是否习惯用筷子吃饭、吃某种菜等等。

98. 【参考答案】这个公园的景色很美。／北京的公园都很漂亮。／我家附近有一个公园。

　　【解析】"公园"是名词，可以确定为句子的主语或宾语。结合图片可以描述公园的风景，或者介绍自己家附近的公园。常见搭配有：公园景色，公园很美／很漂亮，有一个公园，等等。

99.【参考答案】我很喜欢下雪天。／下雪的时候，外面的景色很漂亮。／我的家乡冬天常常下雪。

　　【解析】"下雪"是动词短语，常见搭配有"下雪天、常常下雪、很少下雪、下雪的时候"等等。结合图片，可以描写景色，也可以介绍某个城市冬天是否下雪，等等。

100.【参考答案】她今天有点儿不舒服。／她工作时间太长了，身体有点儿不舒服。／如果你不舒服，就睡一会儿。

　　【解析】"舒服"是形容词，确定主语后组成句子主干"某人—舒服"，"舒服"的常见搭配有"身体舒服、很舒服、不舒服、有点儿不舒服、不舒服极了"等等。结合图片信息，可以适当补充内容。

第二单元

书写各部分题型、考点及攻略

第一章 完成句子

一、题型介绍及答题攻略

（一）题型介绍

第一部分从第86题至第95题为完成句子。要求将每题所给的词或短语按照正确的顺序组合成一句语法正确、内容完整的话，不能任意增加或减少词语。每个小题给出的词或短语一般为4至8个。

[例1]

怎么来　北京　是　你　的

答案：你是怎么来北京的？

[例2]

写在　通知　把　请　黑板上

答案：请把通知写在黑板上。

（二）答题建议

（1）为了提高答题速度，考生可在题目中每个词或短语上标出数字序号，以便于更快地将答案抄写在答卷上。

（2）书写要尽量做到整齐美观，句末要有标点符号。

（3）书写完毕后应核对是否跟序号一致，并最好再默念一遍句子，以判断其是否通顺自然、合乎语感。

（三）答题总攻略

答题攻略 1——找出话题，抓住主干。即先找出句子的主题或主语，它们一般为名词、代词或名词性短语等，接着找出决定句子大意的主干词语，如动词、形容词、名词等，基本确定句子的内容大意，然后再将其余的成分插入其中，组成完整的句子。例如：

机会　　提供了　　一些　　学习的　　公司

首先可以迅速确定句子的话题是"公司"，"公司"做句子的主语，而另一个名词"机会"可做宾语，由此可以确定句子的主干部分：公司——提供了——机会。题中剩下"一些"和"学习的"两个词语，根据句子大意确定应该与"机会"搭配，一般来说表示数量的词语应该在其他描写性定语的前面，因此正确组合应该是"一些学习的机会"。从而可以确定正确答案是：公司提供了一些学习的机会。

答题攻略 2——识别具有语法意义和结构意义的标志词，判断基本语法结构。首先圈出句子中的语法标记词，借助其他主干词判断出各词语之间的语义关系，结合正确的语法结构形式将主干词对号入座，形成正确的组合顺序。例如：

放在　　手机　　不要　　把　　桌子上　　你

首先可以找到"把"，初步判断这是一个"把"字句，回忆"把"字句的结构形式，即"（主语 ＋ ）把 ＋ 宾语 ＋ 动词 ＋ 其他成分"。结合句中主干词"你""放在""手机"，套用"把"字句的基本句式，可以得出"你把手机放在桌子上"，"不要"是副词，修饰动词，表示禁止做某事，在"把"字句中应放在"把"前。因此正确句子为：你不要把手机放在桌子上。

答题攻略 3——确定最小组合，扩展组合。面对不容易找出主干或语法标记词的题目时，可先找出其中的最小组合，然后逐级扩大组合，最后形成句子。确定最小组合时，主要依据汉语语法中的一些基本的组词及搭配规则，如，副词修饰形容词和动词，形容词修饰名词，"的"后面接名词，"得"后面接形容词，等等。例如：

内容　　那本杂志　　的　　十分　　丰富

首先确定副词与形容词的最小组合：十分丰富；继而扩展主谓组合：内容十分丰富。剩下"的"和"那本杂志"，组合为：那本杂志的，继而扩展为：那本杂志的内容。将这几个组合连接起来，即形成正确的句子：那本杂志的内容十分丰富。

二、考点详析与习题操练

考点一：介词结构

1. 基本句型

> **主语　+　介词结构　+　谓语**
>
> 观众　　对　这场演出　　非常满意。

介词结构由介词加名词或名词性短语构成。例句中，"观众"满意的对象是"这场演出"，介词"对"后加名词构成介词短语结构"对这场演出"，句子的谓语是形容词"满意"，副词"非常"修饰"满意"。

2. 常用结构

序号	常用结构	例句
(1)	对……熟悉／满意／了解／关心／礼貌／感兴趣／耐心／热情／同情／合适／负责（程度副词或否定副词放在形容词前）	马克对音乐不太感兴趣。 我对这个城市比较熟悉。 中国人对外国人都很热情。 我对中国文化还不太了解。

续表

序号	常用结构	例句
（2）	对……有帮助／有好处／ 有兴趣／有信心 （否定形式为：对……没有 帮助／没有好处／没有兴趣）	抽烟对身体没有好处。 看中文电视对学习汉语很有帮助。
（3）	从＋时间／处所（＋动词……）	她从5岁开始学习书法。 妈妈从包里拿出来一本书。
（4）	向＋……动词……	他向我解释得很清楚。 我想向你请教一个问题。
（5）	为＋……动词……	大家都为他担心。 他为这次比赛做了充分的准备。

3. 例题解析

序号	例题	分析与攻略
（1）	了解　　情况 对　　　公司的 不太　　他	① 看到词语中的"对"，可以判断句子的基本结构为：主语＋对……＋……。 ② 结合其他词语的性质和含义，可以判断句子主干为：他对……了解。 ③ 由"的"后面搭配名词，可以得到最小组合：公司的情况。扩展成：他对公司的情况了解。 ④ 副词"不太"应放在动词前：不太了解。 正确答案：他对公司的情况不太了解。
（2）	奶奶的　干杯 大家　　健康 为　　　都	① 看到所给词语中的"为"，可以判断句子的基本结构为：主语＋为……＋……。 ② 结合其他词语的性质和含义，判断句子主干为：大家为健康干杯。 ③ 由"的"后面搭配名词，"大家"与"都"搭配的规则，确定最小组合：大家都……，奶奶的健康。 ④ 按正确顺序排列。 正确答案：大家都为奶奶的健康干杯。

 练习一

1. 周围的　还不太　熟悉　她　环境　对

_____

2. 对　马力　有信心　比赛　非常　这次的

_____

3. 对　山本　不满意　服务态度　服务员的　有点儿

_____

4. 昨天　两本小说　图书馆　从　借了　她

_____

5. 一件事　向你　可以　我　打听　吗

_____

6. 让　干杯　为　我们　友谊

_____

7. 很有帮助　口语水平　跟中国人聊天　提高　对

_____

8. 身体　什么好处　过多喝酒　对　没有

_____

9. 两年　她　生活过　在　北京

_____

10. 林海　感兴趣　律师　对　这个职业　很

_____

练习一答案

1．她对周围的环境还不太熟悉。

2．马力对这次的比赛非常有信心。

3．山本对服务员的服务态度有点儿不满意。

4．她昨天从图书馆借了两本小说。／昨天她从图书馆借了两本小说。

5．我可以向你打听一件事吗？

6．让我们为友谊干杯！

7．跟中国人聊天对提高口语水平很有帮助。

8．过多喝酒对身体没有什么好处。

9．她在北京生活过两年。

10．林海对律师这个职业很感兴趣。

考点二：形容词谓语句

1. 基本句型

主语	+	副词	+	形容词
山上的风景		非常		美丽。

　　形容词谓语句中的谓语是由形容词来充当的，一般来说形容词前会有程度副词修饰，或者后面会有表示结果或程度的词语充当补语等。在例句中，主语是"山上的风景"，谓语是"非常美丽"，程度副词"非常"和形容词"美丽"一起构成形容词谓语。

2. 常用结构

序号	常用结构	例句
(1)	主语＋副词＋形容词	他的话非常有道理。 空气质量越来越差。
(2)	时间词＋主语＋副词＋形容词 （时间词有时可放在主语后）	下雨后空气更新鲜。 这里一年四季都很暖和。
(3)	主语＋形容词＋极了	马丁的电脑技术好极了。 这里的夏天热极了。
(4)	主语＋怎么样？ （形容词谓语句的提问形式）	你新买的手机怎么样？ 我提的这个建议怎么样？

3. 例题解析

序号	例题	分析与攻略
(1)	更 南方 的 湿润 气候	① 所给词语中没有动词，通过"更"和"湿润"可确定句子是形容词谓语句，句子结构：主语＋副词＋形容词。 ② 找到句子主语，确定句子主干：气候湿润。 ③ 确定最小组合：南方的气候（"的"＋名词），更湿润（副词＋形容词）。 正确答案：南方的气候更湿润。
(2)	有点儿 这种药 苦	① 所给词语中没有动词,通过"有点儿"和"苦"可确定句子是形容词谓语句，句子结构为：主语＋副词＋形容词。 ② 找到句子主语，确定句子主干：这种药苦。 ③ 确定最小组合：有点儿苦。 正确答案：这种药有点儿苦。

 练习二

1. 特别　　客人　　多　　饭店的　　这家

_____

2. 这次　　顺利　　非常　　旅行

_____

3. 速度　　极了　　她　　走路的　　快

_____

4. 演员　　普通话　　标准　　的　　十分

_____

5. 那个　　可爱　　孩子　　真

_____

6. 这本　　更　　词典的　　清楚　　解释

_____

7. 比赛的　　紧张　　时候　　她　　非常

_____

8. 非常　　那场　　演出　　精彩

_____

9. 好看　　动作　　我男朋友　　很　　打　　篮球的

_____

10. 妈妈　　很严格　　要求　　对　　孩子的

_____

练习二答案

1. 这家饭店的客人特别多。
2. 这次旅行非常顺利。
3. 她走路的速度快极了。
4. 演员的普通话十分标准。
5. 那个孩子真可爱！
6. 这本词典的解释更清楚。
7. 比赛的时候她非常紧张。／她比赛的时候非常紧张。
8. 那场演出非常精彩。
9. 我男朋友打篮球的动作很好看。
10. 妈妈对孩子的要求很严格。

考点三：动词谓语句

1. 基本句型

主语	+	谓语	（+ 宾语）
她		最喜欢	看美国电影。

    动词谓语句中的谓语是由中心动词来充当的，这个动词可受程度副词、否定副词等的修饰，大部分的动词后接宾语，有的动词后可不带宾语。在例句中，主语是"她"，谓语是"最喜欢"，宾语是动词性短语"看美国电影"。动词"喜欢"后常接动词性短语做宾语。

2. 常用结构

谓语动词类别	常用结构	例句
（1）能愿动词	主语＋谓语＋动词性宾语（动词：应该、会、能、得、可以、能够、必须，等等）	你必须马上回公司。 你不应该放弃这么好的机会。
（2）心理动词	主语＋谓语＋动词性宾语／名词性宾语（动词：打算、计划、喜欢、讨厌、决定、准备，等等）	她不打算考研究生。 我决定马上回国。 她正在准备一个考试。
（3）一般动词	主语＋谓语＋名词性宾语（时间词、处所词、方式词、副词等一般都放在动词前，"了、过、一下"等放在动词后）	她正在学习汉语。 孩子都离不开妈妈。 公司提供了一些学习的机会。
（4）带"着"的动词	主语＋动词$_1$＋着＋动词$_2$	她正试着翻译一本书。 她常常躺着看书。

3. 例题解析

序号	例题	分析与攻略
（1）	音乐　喜欢 流行　他 听	① 根据所给词语，判断出句子为动词谓语句，谓语动词为"喜欢"。 ② 接着确定最小组合并扩大组合：流行音乐——听流行音乐。 ③ 前面提到"喜欢"后常常接动词性短语做宾语，根据句子结构确定宾语为"听流行音乐"。 正确答案：他喜欢听流行音乐。

续表

序号	例题	分析与攻略
(2)	自己的　每个人 优点和　缺点 都　　　有	① 根据所给词语，确定句子主语：每个人。 ② 根据动词"有"可确定句子主干：每个人＋有＋优点和缺点。 ③ 固定搭配：每个人＋都。 ④ 依次确定组合：优点和缺点—自己的优点和缺点。 正确答案：每个人都有自己的优点和缺点。

 练习三

1. 她　　所有的　　拒绝了　　邀请

_____

2. 支持　　父母　　我的成功　　离不开　　的

_____

3. 朋友　　喝咖啡　　正在　　她　　跟

_____

4. 一场　　看　　偶尔　　我　　会去　　音乐会

_____

5. 散步　　喜欢　　在公园里　　很　　她

_____

6. 健康　　环境污染　　影响了　　严重地　　人的

_____

7. 你的　　吗　　照相机　　借　　我可以　　一下

_____

8. 流行音乐　　喜爱　　深受　　年轻人的

_____

9. 公司　　条件　　提供了　　给我们　　很好的

_____

10. 印象　　留下了　　给我　　很深的　　这次旅行

_____

11. 距离　　拉近了　　互联网　　人与人　　的

_____

12. 你的意思　　我　　不　　实在　　理解

_____

13. 这个问题　　重视　　引起了　　学校的

_____

14. 马克　　在中国的生活　　还　　不　　习惯

_____

15. 超过了　　车速　　他的　　标准　　规定的

_____

16. 别人的话　　她从不　　相信　　随便

_____

17. 知识   看   增长   可以   课外书

_____

18. 吃饭   你   站着   别

_____

19. 这件事   听说   怎么   没   我

_____

20. 你   能   克服困难   一定

_____

练习三答案

1. 她拒绝了所有的邀请。
2. 我的成功离不开父母的支持。
3. 她正在跟朋友喝咖啡。
4. 我偶尔会去看一场音乐会。／偶尔我会去看一场音乐会。
5. 她很喜欢在公园里散步。
6. 环境污染严重地影响了人的健康。
7. 我可以借一下你的照相机吗？／你的照相机我可以借一下吗？
8. 流行音乐深受年轻人的喜爱。
9. 公司给我们提供了很好的条件。
10. 这次旅行给我留下了很深的印象。
11. 互联网拉近了人与人的距离。
12. 我实在不理解你的意思。／你的意思我实在不理解。
13. 这个问题引起了学校的重视。
14. 马克还不习惯在中国的生活。／在中国的生活马克还不习惯。

15．他的车速超过了规定的标准。

16．她从不随便相信别人的话。／别人的话她从不随便相信。

17．看课外书可以增长知识。

18．你别站着吃饭。

19．我怎么没听说这件事？／这件事我怎么没听说？

20．你一定能克服困难！

考点四：述补结构

1．基本句型

主语	＋	谓语	＋	补语
她		介绍	得	很详细。

述补结构指的是形容词谓语句或动词谓语句中谓语后有补充成分的结构。例如例句中对于"她介绍"这一事件做出的评价是"很详细"，中间由"得"连接。

2．常用结构

序号	常用结构	例句
(1)	主语＋动词＋得＋形容词	她一直吃得很多。 爸爸判断得很正确。
(2)	主语＋名词（话题）＋动词＋得＋形容词	她英文歌唱得非常好。 李小姐钢琴弹得很不错。
(3)	主语＋形容词＋得＋动词性短语	妹妹昨天晚上兴奋得睡不着觉。 他激动得从椅子上跳了起来。

续表

序号	常用结构	例句
(4)	主语＋动词＋"在"＋处所	我的书包忘在出租车上了。 王老师以前住在市中心。
(5)	主语＋动词＋结果补语＋宾语	小偷偷走了我的钱包。 弟弟弄坏了我的电脑。

3. 例题解析

序号	例题	分析与攻略
(1)	很详细 这个传真机的 写 说明书 得	① 通过词语中的"得"可以确定句子中有述补结构：动词／形容词＋得＋……。 ② 找到句子的主语：说明书。 ③ 可以判断句子的基本结构：说明书＋动词＋得＋……。找到动词：写。 ④ 确定组合：这个传真机的说明书，很详细。 正确答案：这个传真机的说明书写得很详细。
(2)	进行　比赛 今天的　顺利 比较　得	① 通过词语中的"得"可以确定句子中有述补结构：动词／形容词＋得＋……。 ② 找到句子的名词主语：比赛。 ③ 可以判断句子的基本结构：比赛＋动词＋得＋……。找到动词：进行。 ④ 确定最小组合：今天的比赛，比较顺利。 正确答案：今天的比赛进行得比较顺利。

 练习四

1. 标准　　说得　　不太　　普通话　　有的南方人的

2. 准确　　非常　　你　　得　　估计

_____

3. 她　　签证　　很顺利　　办得　　去美国的

_____

4. 起来　　弟弟　　跳了　　高兴得

_____

5. 下个星期二了　　到　　运动会　　推迟

_____

6. 太快　　增长　　得　　中国的人口　　不能

_____

7. 她　　去了　　回　　放假后　　国

_____

8. 新闻　　及时　　很　　报道得　　这条

_____

9. 晚会　　非常　　开得　　昨天的　　成功

_____

10. 他　　随便　　很　　平时　　穿得

_____

练习四答案

1. 有的南方人的普通话说得不太标准。

2．你估计得非常准确。

3．她去美国的签证办得很顺利。

4．弟弟高兴得跳了起来。

5．运动会推迟到下个星期二了。

6．中国的人口不能增长得太快。

7．放假后她回国去了。／ 她放假后回国去了。

8．这条新闻报道得很及时。

9．昨天的晚会开得非常成功。

10．他平时穿得很随便。／ 平时他穿得很随便。

考点五： "是……的" 句

1. 基本句型

> 主语 ＋ 是 ＋ 时间／地点／方式 ＋ 谓语（＋其他）＋ 的
>
> 玛丽　　是　　　　去年七月　　　　来　　中国　　的。

"是……的"句强调的是过去的动作发生的时间、地点或者方式等等。例句中，可以看出玛丽来中国的动作已经发生了，这个句子强调玛丽来中国这一行为发生的具体时间，放在"是"的后边，句末加"的"。在肯定句和口语疑问句中，"是"可以省略，如"我2014年大学毕业的""你（是）什么时候大学毕业的？"。但在否定句中，"是"不可省略，如"安娜不是从美国来的"。此外，还有一种"是……的"句主要用于表明说话人的肯定语气，也有强调的意义，但与上述句式的功能略有差异。如"中文是很有趣的""我确实是这么想的"。

> 主语　　＋　　是　　＋　　谓语　　＋　　的
>
> 中文　　　　是　　　　很有趣　　　的。

2. 常用结构

序号	常用结构	例句
(1)	主语＋是＋时间＋动词(＋其他)＋的	北京大学是1898年创办的。 我哥哥是前年夏天结婚的。
(2)	主语＋是＋处所＋动词(＋其他)＋的	你是从哪儿来的？ 我是从英国来的。
(3)	主语＋是＋方式＋动词(＋其他)＋的	你是怎么来北京的？ 我是坐飞机来北京的。
(4)	话题＋是＋时间／处所／方式……＋动词（＋其他）＋的	机票是在网上买的。 这张照片是什么时候拍的？
(5)	主语＋是＋……＋的 （句中"是"为句子的谓语动词，"是"后的内容表示需强调的事实）	这间教室是朝南的。 这个道理是很简单的。
(6)	否定格式：主语＋不是＋……的	这些书不是在书店买的。 这件事不是她告诉我的。
(7)	主语＋副词＋是……的	你的看法确实是很有道理的。 这张照片根本不是她拍的。

3. 例题解析

序号	例题	分析与攻略
(1)	是　　大概 从　　来 法国　她 的	① 根据题目中的词语，可以看出句子主干：她来。 ② 由于"从"后应跟处所词放在动词前，得出组合：从法国来。由此确定句子基本结构：她从法国来。 ③ "是……的"常强调时间或地点，"是"放在时间或地点词的前面，因此得出：她是从法国来的。 ④ "大概"是副词，应放在"是"前面。 正确答案：她大概是从法国来的。

续表

序号	例题	分析与攻略
(2)	马克　去年 毕业　　是 夏天　　的	① 首先确定句子主干：马克毕业。 ② 接着可以确定最小组合：去年夏天。由于时间短语应该放在动词前，应该组成：马克去年夏天毕业。 ③ 句中只剩下"是"和"的"，根据句义可知"是……的"在本句中强调动作发生的时间，因此"是"应放在时间短语前，"的"放在动词后，组成：是去年夏天毕业的。 正确答案：马克是去年夏天毕业的。

 练习五

1. 是　　哪儿买　　在　　这本书　　的

_____

2. 知道　　这件事　　你　　怎么　　是　　的

_____

3. 一个人　　是　　安娜　　不　　来　　中国的

_____

4. 她的　　是　　儿子　　三月二号　　去年　　出生的

_____

5. 坐船　　青岛　　去　　是　　她　　的

_____

6. 礼物　亲手做　是　林娜　的　这件

_____

7. 很　的　美　海南岛的　是　风景

_____

8. 谁　这座塔　是　设计　的

_____

9. 你　搬到　什么时候　这里　是　的

_____

10. 夏天　很　是　上海的　热　的

_____

练习五答案

1．这本书是在哪儿买的？

2．这件事你是怎么知道的？／你是怎么知道这件事的？

3．安娜不是一个人来中国的。

4．她的儿子是去年三月二号出生的。

5．她是坐船去青岛的。

6．这件礼物是林娜亲手做的。

7．海南岛的风景是很美的。

8．这座塔是谁设计的？

9．你是什么时候搬到这里的？

10．上海的夏天是很热的。

考点六：存现句

1. 基本句型

> 主语（处所词／时间词）＋ 谓语动词 ＋ 名词
>
> 教室门口　　　　　　走进来　一个新同学。

存现句表示某个处所或某个时间存在某人或某物，或者某人或某物在某一处所或某一时间出现或消失。例句中，"教室门口"是处所，"一个新同学"是出现的人，表示出现的谓语动词是"走（进来）"。基本语序是：处所名词＋动词＋名词。

2. 常用结构

序号	常用结构	例句
(1)	处所 ＋ 有／是 ＋ 名词	我家附近有好几家饭店。 学校左边是银行，右边是邮局。
(2)	时间名词 ＋ 有 ＋ 名词	很久以前有一个勇敢的年轻人。 中国古代有一位著名的思想家。
(3)	处所 ＋ 动词＋名词 （此类动词多为表示移动、出现、消失意义的词语，如"走、跑、来、掉、开、飞、出现、死"等等；动词后常常加趋向补语如"过来、过去、进来、进去"等词语，或加"了"，副词应放在动词前。）	口袋里掉出来一把钥匙。 对面开过来一辆公共汽车。
(4)	处所＋动词"着"＋名词 （此类动词为表示静止状态或持续状态的词，如"停、挂、围、站、坐、躺、放、住、贴、种 [zhòng]"等等。）	公司门口停着很多小汽车。 墙上挂着他和家人的合影。 我家院子里种着两棵苹果树。

3. 例题解析

序号	例题	分析与攻略
（1）	桌子　　大狗 躺　　　一条 着　　　底下	① 看到词语中的"着"后，找到相关动词：躺。结合其他动词判断句子结构是"处所＋动词＋着＋名词"的存现句。 ② 找到各成分对应的词语，处所：桌子底下；动词：躺；名词：大狗。 ③ 形成最小组合：躺着，一条大狗。 正确答案：桌子底下躺着一条大狗。
（2）	一个　　跑过来 对面　　马路 突然　　小男孩儿	① 看到词语中有动词"跑"和趋向补语"过来"，结合其他词语，可以判断基本结构为：处所＋跑过来＋名词。 ② 处所词：对面，名词：小男孩儿。可确定句子主干：对面—跑过来—小男孩儿。 ③ "一个"与"小男孩儿"形成最小组合：一个小男孩儿；"马路"与"对面"形成最小组合：马路对面。 ④ "突然"是副词，应放在动词前。 正确答案：马路对面突然跑过来一个小男孩儿。

练习六

1. 红色的　　窗台上　　一个　　花瓶　　放着

_____

2. 教室的墙上　　通知　　一个　　贴着　　重要的

_____

3. 一辆小汽车　　对面　　开过来　　突然

_____

4. 著名的　　很久以前　　一位　　画家　　有

_____

5. 打印机　　两台　　公司里　　有

_____

6. 是　　学校　　一所　　对面　　我家

_____

7. 两只　　小狗　　家　　有　　大卫

_____

8. 新商品　　摆着　　很多　　超市里

_____

9. 橘子　　好几个　　掉下来　　树上

_____

10. 陌生人　　一个　　走出来　　办公室里

_____

练习六答案
1. 窗台上放着一个红色的花瓶。
2. 教室的墙上贴着一个重要的通知。
3. 对面突然开过来一辆小汽车。
4. 很久以前有一位著名的画家。

5．公司里有两台打印机。

6．我家对面是一所学校。

7．大卫家有两只小狗。

8．超市里摆着很多新商品。

9．树上掉下来好几个橘子。

10．办公室里走出来一个陌生人。

考点七：兼语句

1．基本句型

主语 ＋ 谓语₁ ＋ 兼语 ＋ 谓语₂
动词₁的宾语， 动词₂的主语

老师　　　　叫　　　　班长　　　去办公室。

兼语句是指句中有兼语的句子。兼语是指在句中同时做第一个谓语动词的宾语和第二个谓语动词的主语的成分。如例句中，老师叫班长做一件事，老师叫的对象是班长，"班长"是谓语动词"叫"的宾语，它同时又是"去办公室"这组谓语的主语，这个句子里的兼语就是"班长"。

2．常用结构

类型	常用结构	例句
（1）表示使令意义	主语＋动词₁＋兼语＋动词₂（常见的动词₁有：请、邀请、叫、让、使、派、要求、教、祝、提醒，等等）	我的中国朋友教我做中国菜。这个消息使大家很激动。

续表

类型	常用结构	例句
（2）表示好恶情感	主语＋动词₁＋兼语＋动词₂（常见的动词₁有：表扬、羡慕、讨厌、批评、怀疑、欢迎，等等）	老师批评田中不认真学习。警察怀疑那个人是小偷。大家都羡慕她有一个好丈夫。
（3）表示存在	有＋兼语＋动词₂（否定形式：没有＋兼语＋动词₂）	昨天有一个人来找过你。没有人相信他说的话。
（4）表示说明、解释	是＋兼语＋动词₂	是谁告诉你这件事的？是她自己决定这样做的。
时间词、否定副词、能愿动词多放在第一个动词前。		公司会派人送你去机场。妈妈从来不让他写作业时上网。

3. 例题解析

序号	例题	分析与攻略
（1）	我 提醒 别忘了 吃药 你	① "别忘了"一般放在句子开头表示否定祈使意义，前面可加"你"，后加动词，由此可确定句子结构为：你别忘了＋动词……。 ② 看到动词"提醒"，想到其常用结构：某人提醒某人做某事。结合第一条，组成句子主干：你别忘了提醒……。 ③ 确定最小组合：提醒我，我吃药。 正确答案：你别忘了提醒我吃药。

续表

序号	例题	分析与攻略
(2)	同情　让 这个孩子 的　　人 经历	① 看到动词"让"后，根据"让"的用法，确定句子的基本结构：某人或某事＋让＋某人＋……。 ② 结合其他词语意义，可确定句子主干：这个孩子让人同情。 ③ 剩下词语"的"和"经历"，可确定最小组合：……的经历，扩展组合：这个孩子的经历。 正确答案：这个孩子的经历让人同情。

 练习七

1. 要求　　老板　　员工　　认真　　工作

_____

2. 感动　　使　　他的故事　　大家　　很

_____

3. 抽烟　　不让　　儿子　　妈妈

_____

4. 旅游　　去　　他的家乡　　他欢迎　　我

_____

5. 我　　不同意　　这个　　比赛　　你参加

_____

6. 去　　她家　　请我　　常常　　她　　玩儿

_____

7. 我的书　她　拿了　怀疑　我

_____

8. 去看电影　跟她　叫我　一起　她

_____

9. 昨天　找你　有一个人　打电话

_____

10. 警察　自己的钱包　注意　提醒　大家

_____

练习七答案

1. 老板要求员工认真工作。
2. 他的故事使大家很感动。
3. 妈妈不让儿子抽烟。／儿子不让妈妈抽烟。
4. 他欢迎我去他的家乡旅游。
5. 我不同意你参加这个比赛。
6. 她常常请我去她家玩儿。
7. 我怀疑她拿了我的书。
8. 她叫我跟她一起去看电影。
9. 昨天有一个人打电话找你。
10. 警察提醒大家注意自己的钱包。

考点八：连动句

1. 基本句型

主语 +	谓语₁ +	谓语₂
	动词₁（V_1）	动词₂（V_2）
玛丽	去超市	买东西。

连动句由一个主语和两个或两个以上的谓语动词构成。例句中，主语是"玛丽"，有两个动词短语"去超市"和"买东西"并列连接，表示这两个动作连续发生，也可以把"买东西"看作是"去超市"的目的。

2. 常用结构

类型	常用结构	例句
（1）V_2 是 V_1 的目的	主语 + 来／去 + 处所 +V_2+ ……	马克来中国旅行。 我昨天去书店买了几本书。
（2）V_1 是 V_2 的方式	主语 +V_1+V_2（常用的 V_1 有"用、骑、坐、带、穿"等，有时 V_1 后可加"着"）	她用中文写日记。 我每天坐地铁去学校。 孩子穿着新衣服去上学。
（3）几个动作先后发生	主语 +V_1+ 宾语 +V_2+……	大家都站起来鼓掌感谢演员。 孩子见到妈妈大哭起来。
（4）强调动作先后顺序	主语 +V_1+ 完／了 + 宾语 + 再 +V_2（表示 V_2 还没有发生）	你吃完饭再写作业吧。 你换了衣服再出去玩吧。
时间词、否定副词、能愿动词放在第一个动词前。		你应该用中文写日记。 我从来不去那家饭店吃饭。

3. 例题解析

序号	例题	分析与攻略
（1）	西安　　坐火车 旅行　　去 想　　　林娜	① 根据所给词语，发现不止一个动词，基本可以确定句子为连动结构，确定动词之间的顺序很重要。 ② "林娜"是人名，可确定为句子的主语。 ③ 观察动词特点，"想"作为能愿动词应该放在其他动词前，确定基本句子结构为：林娜想+V$_1$+V$_2$。 ④ 依次扩大组合：去西安——去西安旅行。 ⑤ 最后剩下"坐火车"，属于交通方式，应放在动词"去"前面。 正确答案：林娜想坐火车去西安旅行。
（2）	接客人　机场 李经理　负责 去	① 根据所给词语，发现不止一个动词，基本可以确定句子为连动结构，确定动词之间的顺序很重要。 ② "李经理"指人，可确定为句子的主语。 ③ 观察动词特点，抓住主要动词"负责"，根据其常用结构，可确定句子主干为：李经理负责……。 ④ 确定最小组合：去机场。根据事件发生先后顺序，可扩大组合：去机场接客人。 正确答案：李经理负责去机场接客人。

 练习八

1. 取点儿钱　　银行　　去　　我　　要

2. 学校　　比赛　　参加了　　马克　　代表

_____

3. 找他　　一件事　　商量　　我　　想

_____

4. 买东西　　上网　　喜欢　　年轻人

_____

5. 每天　　去　　上班　　骑自行车　　她

_____

6. 聊天　　用中文　　跟朋友　　她　　常常

_____

7. 就　　吃完　　出去了　　她　　晚饭

_____

8. 电视　　吧　　写完　　再看　　你　　作业

_____

9. 去　　留学了　　美国　　我姐姐　　去年

_____

10. 祝贺　　成功　　他的　　大家　　都来

_____

练习八答案

1. 我要去银行取点儿钱。

2. 马克代表学校参加了比赛。

3．我想找他商量一件事。

4．年轻人喜欢上网买东西。

5．她每天骑自行车去上班。

6．她常常用中文跟朋友聊天。

7．她吃完晚饭就出去了。

8．你写完作业再看电视吧。

9．我姐姐去年去美国留学了。／ 去年我姐姐去美国留学了。

10．大家都来祝贺他的成功。

考点九："把"字句

1．基本句型

主语	＋	把	＋	宾语	＋谓语动词＋	补语
马克		把		手机	忘	在 出租车 上了。

"把"字句强调的是主语的动作发出后使动作对象的状态发生变化。"把"后一定要直接跟动作的对象，再后接动词以及表示动作结果的成分。如例句中，动作发出者"马克"是主语，"手机"是"把"的宾语，是"忘"这个动作的对象，"在出租车上"是动作的结果。句末的"了"表示动作已经发生。

2．常用结构

序号	常用结构	例句
(1)	主语＋把＋宾语＋动词＋结果补语	她把面包吃完了。 他把电脑卖掉了。
(2)	主语＋把＋宾语＋动词＋得＋形容词补语	我把房间打扫得干干净净。 她把比赛想得很容易。

续表

序号	常用结构	例句
(3)	主语＋把＋宾语＋动词＋给某人	我把书还给朋友了。 山本把作业交给老师了。
(4)	主语＋把＋宾语＋动词＋在＋处所＋方位词	请把书包放在教室前面。 我把家人的照片挂在墙上。
(5)	主语＋把＋宾语＋动词＋到＋处所(＋来／去)	她把孩子送到学校去了。 请把桌子搬到教室外面去吧。
(6)	主语＋把＋宾语＋动词＋成／作……	我把北京看作我的第二故乡。 他把小林看作是他最好的朋友。
(7)	主语＋时间词＋把＋宾语＋动词＋…… （时间词是名词时，也可放在主语前）	我刚刚把工作报告写好。 我昨天把钥匙弄丢了。
(8)	主语＋副词＋把＋宾语＋动词＋…… （当宾语表示复数时，程度副词"都"应放在宾语后）	我还没把作业做完。 马丁总是把事情想得很简单。 请你把这些词都记下来。
(9)	主语＋能愿动词＋把＋宾语＋动词＋……	你应该把考试的时间记下来。 我不能把他的电话号码告诉你。

3. 例题解析

序号	例题	分析与攻略
(1)	请 给 这个礼物 把 送 张老师	① 根据题目中给出的词语，可以判断句子是"把"字句。 ② 首先找到"把"的宾语：这个礼物，宾语后的动词：送。 ③ 因为动词"送"后常跟"给＋某人"，得出：送给张老师。 ④ 通过"请"可以判断出句子是省略主语"你"的祈使"把"字句。 正确答案：请把这个礼物送给张老师。
(2)	工作中 带到 不要 把 坏心情 来	① 根据题目中的词语，可以判断句子是"把"字句。 ② 首先找到"把"后的名词性宾语"坏心情"和动词"带到"，由于"带到"后常跟表示地点或环境的词语，这里应该是"工作中"，当动词后跟"到"时，补语后常有表示方向的"来"或"去"，所以这里的"来"应放在"工作中"后面。 ③ "不要"表示禁止或劝阻做某事，一般放在句首构成祈使句，应放在"把"前。 正确答案：不要把坏心情带到工作中来。

练习九

1. 沙发 把 客厅 到 我们 搬 去吧

_____

2. 竟然 出国旅行的 把 他 放弃了 机会

_____

3. 常常　　车　　停在　　食堂门口　　把　　他

_____

4. 别　　宾馆的　　带走　　把　　请　　东西

_____

5. 她　　朋友的生日　　记　　都　　把　　在　　本子上

_____

6. 一定不要　　你　　电话号码　　陌生人　　把　　告诉

_____

7. 作业　　你　　应该　　做完　　快一点儿　　把

_____

8. 这封信　　请　　把　　交给　　你帮我　　老板

_____

9. 没　　把　　钥匙　　她　　放在　　前台

_____

10. 把　　叫到　　老师　　马丁　　办公室去了　　刚才

_____

练习九答案

1. 我们把沙发搬到客厅去吧。
2. 他竟然把出国旅行的机会放弃了。
3. 他常常把车停在食堂门口。
4. 请别把宾馆的东西带走。

5. 她把朋友的生日都记在本子上。

6. 你一定不要把电话号码告诉陌生人。

7. 你应该快一点儿把作业做完。

8. 请你帮我把这封信交给老板。

9. 她没把钥匙放在前台。

10. 刚才老师把马丁叫到办公室去了。／ 老师刚才把马丁叫到办公室去了。

考点十："被"字句

1. 基本句型

主语	+	被	+	宾语	+	谓语动词 + 其他
自行车		被		小偷		偷 走了。

"被"字句表示被动意义，强调主语受到宾语动作影响后的结果。例句中，主语"自行车"是动作的接受者，宾语"小偷"是动作的发出者，谓语动词"偷"是具体的行为动作，"走了"是动作行为的结果。此外，由表示被动意义的介词"叫""让""给"构成的句子，也属于"被"字句。

2. 常用结构

序号	常用结构	例句
(1)	主语 + 被（+ 宾语）+ 动词 + 其他 （"被"后的宾语如果不重要，可以省略）	我的自行车被偷了。 我被吓了一跳。

续表

序号	常用结构	例句
(2)	主语＋被＋宾语（＋给）动词＋结果 （口语中，动词前可以加"给"，意思不变）	钥匙被我（给）弄丢了。 手机被马克（给）摔坏了。
(3)	主语＋被（＋宾语）＋动词＋得＋形容词补语	房间被妈妈收拾得很干净。 客厅被（同屋）弄得很脏。
(4)	主语＋被（＋宾语）＋动词＋作／为／成……	中国被称作"自行车王国"。 小林被大家选为班长。
(5)	主语＋叫／让＋宾语＋动词＋其他 （宾语后有时也可加"给"）	相机叫他（给）弄丢了。 小树让大风（给）吹倒了。
(6)	主语＋副词／能愿动词＋被（＋宾语）＋动词	她总是被坏人骗。 你开快车会被罚款的。

3. 例题解析

序号	例题	分析与攻略
(1)	王老师的 偷走了 让 自行车 小偷	① 通过词语"让"，可以初步确定这是一个被动句，"让"相当于"被"。 ② 根据"被"字句结构，可以基本确定句子主干：自行车让小偷偷走了。 ③ 确定最小组合：王老师的自行车。 正确答案：王老师的自行车让小偷偷走了。

续表

序号	例题	分析与攻略
(2)	感动了 精神 同学们 被 他的 都	① 通过词语"被",可以确定是"被"字句。根据"被"字句的结构,可以确定句子主干:同学们 + 被 +……+ 感动了。 ② "被"后的宾语应是"精神",加上修饰成分应是"他的精神"。 ③ 还剩下副词"都",应放在"被"前面。 正确答案:同学们都被他的精神感动了。

练习十

1. 被   一顿   她   老师   批评了

_____

2. 小猫   刚买的鱼   吃掉   让   了

_____

3. 被   沙发   搬到   他们   会议室   去了

_____

4. 他的   可能   小偷   偷走了   被   钱包

_____

5. 怎么   骗   了   被人   你   又

_____

6. 这个故事   都   吸引住了   大家   被

_____

7. 外国人　　东方的巴黎　　被　　上海　　称为

_____

8. 弟弟　　让　　坏了　　给　　我的电脑　　弄

_____

9. 撞　　伤了　　出租车　　那个老人　　被

_____

10. 我的　　打破　　被　　花瓶　　没

_____

练习十答案

1. 她被老师批评了一顿。
2. 刚买的鱼让小猫吃掉了。
3. 沙发被他们搬到会议室去了。
4. 他的钱包可能被小偷偷走了。
5. 你怎么又被人骗了？
6. 大家都被这个故事吸引住了。
7. 上海被外国人称为东方的巴黎。
8. 我的电脑让弟弟给弄坏了。
9. 那个老人被出租车撞伤了。
10. 我的花瓶没被打破。

考点十一：比较句

1. 基本句型

某人／物 ＋ 比 ＋ 某人／物 ＋ 形容词谓语
　A　　　　　　B
上海　　比　我的家乡　　　大。

比较句是对两种事物进行比较，包括比较的对象和比较的结果。例句中比较的是两个城市的大小，比较的结果是"上海"比"我的家乡"大。

2. 常用结构

类型	常用结构	例句
(1) 差别小	A＋比＋B＋形容词＋一点儿／一些	哥哥比我高一点儿。 我家乡的冬天比这里冷一点儿。
(2) 差别大	A＋比＋B＋形容词＋多了／得多	上海比我的家乡大多了。 法语比英语难得多。
(3) 有具体数量差别	A＋比＋B＋形容词＋数量短语	今天的温度比昨天高2度。 他的考试分数比我高5分。
(4) A 程度更高	A＋比＋B＋更／还＋形容词	姚明比乔丹更高。 上海的人口比北京还多。
(5) 动词比较句	A＋比＋B＋动词＋得＋形容词 或者 A＋动词＋得＋比＋B＋形容词	玛丽比山本学得努力。 玛丽学得比山本努力。
(6) 否定比较1	A＋没有／不如＋B＋(这么／那么)形容词 (B 为近指时，可以用"这么"，B 为远指时，可用"那么"。)	昨天没有今天这么热。 今天没有昨天那么凉快。

续表

类型	常用结构	例句
(7) 否定比较2	A+ 不比 +B+ 形容词	北京的物价不比上海便宜。 汉语不比日语难。
(8) 比较结果相同或相近	A+ 跟／和 +B+ 差不多／一样（+ 形容词）	哥哥跟弟弟差不多高。 中国的茶跟西方的葡萄酒一样受欢迎。

3. 例题解析

序号	例题	分析与攻略
（1）	妹妹　姐姐 三岁　比 小	① 根据所给词语，判断出句子为"比"字句。 ② 结合"比"字句基本结构：A+ 比 +B+ 形容词，确定比较的结果为"小"。 ③ 根据"小"的词义，可以确定比较的对象的顺序为：妹妹比姐姐。 ④ 数量短语"三岁"应放在形容词后，补充说明比较的结果。 正确答案：妹妹比姐姐小三岁。
（2）	去年　冷 今年的冬天 没有　那么	① 通过所给词语的特点，判断出句子为比较句的否定形式。 ② 结合比较句否定形式的结构：A+ 没有 +B+ 这么／那么 + 形容词，确定句子主干为：A 没有 B 那么冷。 ③ 根据"那么"，可以确定"A 没有 B"中的 B 为远指，所以"今年的冬天"和"去年"两者中，A 是"今年的冬天"，B 是"去年"。 正确答案：今年的冬天没有去年那么冷。

 练习十一

1. 大城市的交通　　方便　　多了　　小城市　　比

_____

2. 听说　　今天　　明天　　没有　　冷　　这么

_____

3. 农村的空气　　清新　　比城市　　多　　得

_____

4. 自己种的菜　　比　　多了　　新鲜　　超市里卖的

_____

5. 更　　表达得　　山本　　清楚　　比小林

_____

6. 青岛的风景　　漂亮　　差不多　　跟大连

_____

7. 那个城市　　这个城市的　　历史　　不如　　古老

_____

8. 飞机的速度　　几倍　　火车　　比　　快

_____

9. 中国的京剧　　好看　　一样　　西方的歌剧　　跟

_____

10. 武汉的冬天　　上海的冬天　　不比　　暖和

_____

练习十一答案

1．大城市的交通比小城市方便多了。

2．听说明天没有今天这么冷。

3．农村的空气比城市清新得多。

4．自己种的菜比超市里卖的新鲜多了。

5．山本比小林表达得更清楚。／ 山本表达得比小林更清楚。

6．青岛的风景跟大连差不多漂亮。

7．这个城市的历史不如那个城市古老。

8．飞机的速度比火车快几倍。

9．中国的京剧跟西方的歌剧一样好看。／西方的歌剧跟中国的京剧一样好看。

10．武汉的冬天不比上海的冬天暖和。

第二章 看图用词造句

一、题型介绍及答题建议

（一）题型介绍

第二部分从第96题至第100题，为看图用词造句。要求根据图片提示的内容，利用所给的一个词语写出一个形式完整、意义明确的句子。所给词语多为名词、动词或形容词等实词，所写句子不需要很长，但要做到句子成分齐全，句法准确，表达得当，书写正确。

该部分考查的是考生运用具体词语对特定事物或人物进行描述或表达的能力。要答好此题，要求考生首先要仔细观察图片内容，能抓住图片提供的主要信息，结合所给词语展开适当联想，并发现两者间的联系。同时，更要求考生在平时的学习中不但要理解词语的意义，还要熟悉和掌握词语的常见使用结构、习惯搭配、语用特点等。

例题：

负责

参考答案：这位医生对病人非常负责。／ 医生应该对病人负责。／ 她是一位很负责的医生。

（二）答题建议

（1）所写句子一定要使用所给的词语，否则不得分。

（2）句子内容一定要与图片内容相关。

（3）句子要符合汉语语法，主要成分齐全，避免过于简单，也无需过于复杂。人物做主语时可根据性别，使用人称代词"他"或"她"。

（4）尽量选择有把握的词语书写，避免错别字。

（5）书写工整美观，注意标点。

二、答题攻略及习题操练

（一）动词答题攻略

发现图片与词语之间的联系，确定描述对象。针对动词特点，确定句子主干：主语—动词—宾语。补出动词前表示时间、地点、程度等意义的成分。为避免句子过于短小，宾语前可适当添加形容词、数量词等修饰成分。

序号	例题	分析与攻略
（1）	拍	（1）根据图片提供的内容，结合"拍"作为及物动词的特点，可确定句子主干：某人—拍—照片。 （2）利用图片，发挥想象，适当补出其他信息，使句子内容充实，结构完整。 参考答案： ① 这个小女孩儿正在拍照片。 ② 她很喜欢去外面拍照。
（2）	试	（1）根据图片内容，结合"试"可作为及物动词的特点，可确定句子主干：某人—试—衣服。 （2）扩展句子成分，可在动作性动词前增加表示时间、状态、地点的词：正在、在镜子前、在房间里，等等。 （3）名词前可适当增加修饰性词语，如数量短语、形容词等：新买的衣服、一件新衣服，等等。 参考答案： ① 她正在房间里试新衣服。 ② 她正在镜子前试一件新衣服。

 练习一

1.  租　2.  举行

3.  弹　4.  购物

5.  欢迎

6.  哭

7.  讨论

8.  出发

9.  锻炼

10.  聊天

练习一参考答案

1．留学生常常在校外租房子住。／ 我想租一套一室一厅的房子。

2．学校下个月要举行毕业典礼。／ 学校的毕业典礼什么时候举行？

3．妹妹很喜欢弹钢琴。／ 妹妹钢琴弹得很好。

4．女孩子最大的爱好就是购物。／ 周末她常常跟朋友去购物。

5．大家都在鼓掌欢迎新同事。／ 欢迎加入我们公司！

6．弟弟很爱哭，一不高兴就会流泪。／小男孩儿哭得很伤心。

7．经理和员工们在讨论工作中的问题。／ 他们在讨论公司下个月的工作计划。

8．大家准备出发了。／ 我和同事们一起出发去上海。

9．骑自行车也是一种很好的锻炼。／爸爸妈妈常常一起骑车锻炼身体。

10．他们一边吃饭一边聊天。／ 他们聊天聊得很开心。

（二）名词答题攻略

根据图片内容发现图片与词语之间的联系，联想句子内容，确定该名词可作为句子主语或宾语。如果是主语，需补出动词和宾语或动词和补语；如作为宾语，需补出主语与动词。此外，还应在各成分之前适当补出修饰成分，使句子结构完整，内容充实。

序号	例题	分析与攻略
(1)	历史	(1) 观察图片内容，是一座城楼，确定句子内容与"城市的历史"有关。"历史"可做主语或宾语。 1) 做主语时，先确定形容词谓语句的主干，如"历史—古老/长"，等等。在主语前应添加描述性或限定性词语，如"大理的历史""这座城市的历史"等，形容词前或后应有修饰性成分或补充性成分，如"很、非常、极了"等等。 2) 做宾语时，需补出主语和动词。如"城市—有—历史"。然后在主干结构中补充修饰成分。在主语前可加限定词，如"这座城市""这个古老的城市"，动词前添加副词如"已经"，宾语前加具体描写成分如"一千多年的""很长的"等等。 参考答案： ① 这座城市的历史非常古老。 ② 这座城市已经有一千多年的历史了。
(2)	风景	(1) "风景"是名词，结合图片内容，可用作主语或宾语。 1) 作为主语，句子框架可确立为主谓句或主谓谓语句，如：风景—美。 2) 作为宾语，可确立为"主谓宾"的基本句型：某人—喜欢—风景。 (2) 扩展成分，名词中心语前可增加限定或修饰词，如"某地的风景""大自然的风景""美丽的风景"等。形容词谓语前应有副词修饰，如"很、非常"等。如果句子过短，可适当结合图片展开联想，补充内容。 参考答案： ① 黄山的风景很美，让人难忘。 ② 我喜欢大自然美丽的风景。

练习二

1. 词典

2. 火车站

3. 内容

4. 黑板

5. 森林

6.  记者   7.  水果

8.  菜单   9.  手表

10.  售货员

练习二参考答案

1. 学好外语离不开一本好词典。／ 我昨天买了一本汉英词典。

2. 节假日的时候火车站总是人山人海。／我明天晚上要去火车站接一个朋友。

3. 这本书的内容很难，我看不懂。／这本书的内容不是很有意思。

4. 黑板有点儿远，我看不清楚。／ 教室的黑板上写着什么？

5. 森林里有很多树，风景很美。／ 秋天我常常到森林里去散步。

6. 我的理想是当一名记者。／ 当记者很辛苦，可是很有意思。

7. 多吃水果对健康很有好处。／ 我最喜欢吃的水果是樱桃。

8. 服务员拿来了菜单。／你们有没有英文的菜单？

9. 这个牌子的手表质量很好。／ 这块手表是我送给哥哥的生日礼物。

10. 这个商店的售货员服务态度很好。／ 她哥哥在一家商店当售货员。

（三）形容词答题攻略

抓住形容词描述性的特点，发现它与图片内容之间的联系。结合图片，首先确定描述对象即主语，补出形容词的修饰成分或补足成分，如程度副词或程度补语。由于形容词谓语句结构显得短小，可借助图片内容发挥联想补充一些信息，使句子内容更加充实。

序号	例题	分析与攻略
（1）	 累	（1）"累"是形容词，结合图片上人物的表情，可确定句子主干：某人—累。 （2）接着补出主语，某人可用"他"或"人名"，形容词前面或后面一般需补出程度副词或程度补语，如"非常累""很累""特别累""累极了""累坏了"等。 （3）结合图片内容合理联想"累"的原因，使句子内容完整，如"工作太多""加班"等。 参考答案： ① 他今天累坏了！ ② 最近总是加班，他非常累！
（2）	 精彩	（1）结合图片内容和所给词语，可确定句子主干为：晚会／节目／演出—精彩。 （2）"精彩"为形容词，前边可用副词"很、非常、特别"修饰，后边可以加补语"极了"。 （3）扩展句子成分，使句子内容充实。可在主语前补充具体的限定成分，如"新年晚会""这场演出"等。 参考答案： ① 新年晚会非常精彩。 ② 这场演出精彩极了。

练习三

1. 　　难过

2. 　　美丽

3. 　　浪漫

4. 　　兴奋

5. 　　烦恼

6. 　　　紧张

7. 　　　优秀

8. 　　　干净

9. 　　　耐心

10. 　　　热情

练习三参考答案

1．这个女孩儿看上去很难过。／ 她丢了心爱的东西，很难过。

2．大自然的风景太美丽了。／ 听说桂林的风景非常美丽，我也想去。

3． 在海边散步是一件很浪漫的事。／ 傍晚在海边散步多浪漫啊！

4．毕业那天，同学们都很兴奋。／ 拍毕业照的时候，同学们兴奋地挥着手。

5．他的工作让他很烦恼。／ 他看上去非常烦恼。

6．考试的时候同学们都很紧张。／ 考试的时候我从来不紧张。

7．他们都是很优秀的医生。／他们是这家医院最优秀的医生。

8．妈妈总是把房间收拾得很干净。／ 我的房间很干净。

9．他是一个好爸爸，对儿子非常耐心。／ 爸爸对孩子很好，很耐心。

10．这个服务员非常热情。／ 这个饭店的服务员对客人很热情。

HSK（四级）书写模拟试题

书写模拟试题①

第一部分

第 86—95 题：完成句子。

例如：那座桥　　800 年的　　历史　　有　　了

那座桥有 800 年的历史了。

86. 手表　　4000　　钱　　价值　　这块　　多块

87. 弟弟　　四　　比　　哥哥　　岁　　小

88. 成绩　　的　　听力考试　　了　　出来　　吗

89. 一下　　吗　　我　　在外面　　等　　你可以

90. 这张桌子　　请　　搬到　　把　　客厅　　去

91. 北京　　过　　去　　我　　一次　　旅行

92. 开车的话　　罚款的　　会　　酒后　　被

93. 一点儿也　　不　　对　　她　　会议的内容　　感兴趣

94. 关于亲情的电影　　人　　感动极了　　让　　那部

95. 明天有　　说　　天气预报　　雨　　大

第二部分

第 96—100 题：看图，用词造句。

例如： 乒乓球

她很喜欢打乒乓球。

96. 开心

97. 困

98. 可爱

99. 起飞

100. 旅行

书写模拟试题①答案

第一部分

86．这块手表价值 4000 多块钱。

87．弟弟比哥哥小四岁。

88．听力考试的成绩出来了吗？

89．你可以在外面等我一下吗？

90．请把这张桌子搬到客厅去。

91．我去北京旅行过一次。

92．酒后开车的话会被罚款的。

93．她对会议的内容一点儿也不感兴趣。

94．那部关于亲情的电影让人感动极了。

95．天气预报说明天有大雨。

第二部分（参考答案）

96．朋友们唱歌唱得很开心。／ 大家正在开心地唱歌。

97．这两只可爱的小猫咪困了，想睡觉了。

98．我有一个很可爱的妹妹。／ 这个小女孩儿很可爱。

99．飞往北京的航班已经起飞了。／ 飞机在下午两点准时起飞了。

100．旅行是件轻松愉快的事。／ 我下个星期要去国外旅行。

书写模拟试题②

第一部分

第 86—95 题：完成句子。

例如：那座桥　　800 年的　　历史　　有　　了

那座桥有 800 年的历史了。

86. 三到五岁的儿童　　这种椅子　　是专门　　为　　设计的

87. 这本小说　　翻译　　试着　　我想　　一下

88. 山本　　一个月　　公司派　　工作　　去外地

89. 这座城市　　熟悉　　还不太　　我　　对

90. 去散步　　晚饭　　我们吃完　　再　　吧

91. 千万别　　任何人　　这个消息　　把　　你　　告诉

92. 欢迎　　她写的书　　很　　受　　年轻读者的

93. 墙上　　挂着　　客厅的　　几张世界名画

94. 是一种　　游泳　　很好的　　体育运动　　对身体

95. 留下了　　这次旅行　　给我们　　很深的印象　　每个人都

第二部分

第 96—100 题：看图，用词造句。

例如：  乒乓球

　　她很喜欢打乒乓球。

96. 　　　　　　　　季节

97. 　　　　　　　　小心

98. 　　　　　　　　上网

99. 　　　　　　　　扔

100. 　　　　演员

书写模拟试题②答案

第一部分

86. 这种椅子是专门为三到五岁的儿童设计的。

87. 我想试着翻译一下这本小说。

88. 公司派山本去外地工作一个月。

89. 我对这座城市还不太熟悉。

90. 我们吃完晚饭再去散步吧。

91. 你千万别把这个消息告诉任何人。

92. 她写的书很受年轻读者的欢迎。

93. 客厅的墙上挂着几张世界名画。

94. 游泳是一种对身体很好的体育运动。

95. 这次旅行给我们每个人都留下了很深的印象。

第二部分（参考答案）

96. 冬天是最美丽的季节。 ／ 我最不喜欢的季节是冬天。

97. 过马路的时候要小心。 ／ 他们正在小心地过马路。

98. 现在的年轻人都很喜欢上网。 ／ 我一有空儿就上网。

99. 请把垃圾扔到垃圾箱去。 ／ 不要到处乱扔垃圾。

100. 这位演员的表演很精彩。 ／ 我的朋友是一名京剧演员。

书写模拟试题③

第一部分

第 86—95 题：完成句子。

例如：那座桥　　800 年的　　历史　　有　　了

　　　那座桥有 800 年的历史了。

86. 我　　从来　　不后悔　　对自己做过的事

87. 一个　　女孩儿　　性格　　她是　　很活泼的

88. 小狗　　很可能　　刚买来的肉　　吃　　被　　掉了

89. 城市里的年轻父母　　早期教育　　子女的　　非常重视　　大多都

90. 你能　　找到　　我希望　　顺利地　　理想的工作

91. 把　　认真复习一遍　　学过的内容　　你应该　　昨天

92. 写得　　这份　　关于环境污染的　　调查材料　　很详细

93. 你　　这张照片　　是什么时候　　吗　　拍的　　还记得

94. 总是　　怎么　　接受别人的帮助　　拒绝　　你

95. 千万　　不能迟到　　约会　　第一次　　的时候

第二部分

第 96—100 题：看图，用词造句。

例如：　　　　　　　　乒乓球

她很喜欢打乒乓球。

96.　　　　　　　　检查

97.　　　　　　　　吃惊

98.　　　　　　　　植物

99.　　　　　　　　介绍

100.　　　　　　　　电视

书写模拟试题③答案

第一部分

86．我对自己做过的事从来不后悔。

87．她是一个性格很活泼的女孩儿。

88．刚买来的肉很可能被小狗吃掉了。

89．城市里的年轻父母大多都非常重视子女的早期教育。

90．我希望你能顺利地找到理想的工作。

91．你应该把昨天学过的内容认真复习一遍。

92．这份关于环境污染的调查材料写得很详细。

93．你还记得这张照片是什么时候拍的吗？

94．你怎么总是拒绝接受别人的帮助？

95．第一次约会的时候千万不能迟到。

第二部分（参考答案）

96．医生正在给病人检查身体。

97．他看到这个消息很吃惊。

98．这里有很多特别的植物。／你最喜欢的植物是什么？

99．他们正在热情地互相介绍。

100．他们正坐在沙发上看电视。

书写模拟试题④

第一部分

第 86—95 题：完成句子。

例如：那座桥　　800 年的　　历史　　有　　了

那座桥有 800 年的历史了。

86. 知道　　有　　考试　　下星期　　你　　个　　吗

87. 旅行了　　去　　海南岛　　上个星期　　大卫

88. 音乐　　他　　喜欢　　听　　总是　　躺　　着

89. 满意　　对　　上次考试　　成绩　　不　　的　　玛丽

90. 他　　能　　赶快　　希望　　去英国　　签证　　的　　拿到

91. 一个　　正在　　中国文化展览　　听说　　历史博物馆　　举办

92. 画家　　马　　画　　这位　　好　　画得　　非常

93. 把　　老师　　让我　　成　　书上的句子　　翻译　　英文

94. 我哥哥　　房子　　买了　　三百多平方米　　一套　　的　　大

95. 挂　　一幅　　墙上　　客厅的　　很有名的油画　　着

第二部分

第 96—100 题：看图，用词造句。

例如：   乒乓球

<u>她很喜欢打乒乓球。</u>

96.   机场

97.   比赛

98.   服务员

99.   景色

100.   批评

书写模拟试题④答案

第一部分

86. 你知道下星期有个考试吗？

87. 大卫上个星期去海南岛旅行了。／上个星期大卫去海南岛旅行了。

88. 他总是喜欢躺着听音乐。

89. 玛丽对上次考试的成绩不满意。

90. 他希望能赶快拿到去英国的签证。

91. 听说历史博物馆正在举办一个中国文化展览。

92. 这位画家画马画得非常好。

93. 老师让我把书上的句子翻译成英文。

94. 我哥哥买了一套三百多平方米的大房子。

95. 客厅的墙上挂着一幅很有名的油画。

第二部分（参考答案）

96. 北京的机场很大。／我明天要去机场送朋友。

97. 比赛马上就要开始了。／他参加了 100 米跑步比赛。

98. 这家饭店的服务员很热情。／我以前当过饭店的服务员。

99. 山顶的景色很美。／他站在山顶看四周的景色。

100. 妈妈正在批评孩子。／孩子不听话，被妈妈批评了一顿。

汉语水平考试 HSK（四级）答题卡·听力

一、听力

1. [✓] [✗]
2. [✓] [✗]
3. [✓] [✗]
4. [✓] [✗]
5. [✓] [✗]

6. [✓] [✗]
7. [✓] [✗]
8. [✓] [✗]
9. [✓] [✗]
10. [✓] [✗]

11. [A] [B] [C] [D]
12. [A] [B] [C] [D]
13. [A] [B] [C] [D]
14. [A] [B] [C] [D]
15. [A] [B] [C] [D]

16. [A] [B] [C] [D]
17. [A] [B] [C] [D]
18. [A] [B] [C] [D]
19. [A] [B] [C] [D]
20. [A] [B] [C] [D]

21. [A] [B] [C] [D]
22. [A] [B] [C] [D]
23. [A] [B] [C] [D]
24. [A] [B] [C] [D]
25. [A] [B] [C] [D]

26. [A] [B] [C] [D]
27. [A] [B] [C] [D]
28. [A] [B] [C] [D]
29. [A] [B] [C] [D]
30. [A] [B] [C] [D]

31. [A] [B] [C] [D]
32. [A] [B] [C] [D]
33. [A] [B] [C] [D]
34. [A] [B] [C] [D]
35. [A] [B] [C] [D]

36. [A] [B] [C] [D]
37. [A] [B] [C] [D]
38. [A] [B] [C] [D]
39. [A] [B] [C] [D]
40. [A] [B] [C] [D]

41. [A] [B] [C] [D]
42. [A] [B] [C] [D]
43. [A] [B] [C] [D]
44. [A] [B] [C] [D]
45. [A] [B] [C] [D]

三、书写

86.
___

87.
___

88.
___

89.
___

90.
___

91.
___

92.
___

93.
___

94.
___

95.
___

96.
___

97.
___

98.
___

99.
___

100.
___

外研社·HSK课堂系列

　　"外研社·HSK课堂系列"是一套训练学生听、说、读、写各方面技能的综合性考试教材，包括五大子系列。本系列教材紧扣 HSK 考试大纲，准确把握 HSK 考试的重点难点，分析深入浅出，讲解精练到位，使学生能够快乐学习、轻松过关。

1 HSK 词汇系列

2 21 天征服 HSK 教程系列

3 HSK 专项突破系列

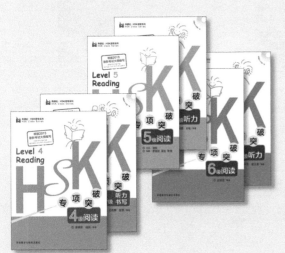

4 HSK 通关系列

5 HSK 全真模拟试题集系列

快乐学汉语
轻松得高分！

中文天天读
Reading China

　　《中文天天读》是专为汉语学习者编写的一套中文分级读物。既可作为课外读物，也可作为阅读教材。《中文天天读》具有如下特点：

- **分级读物**：按语言难度分为五个等级，每级各有不同的分册，可适合不同级别学习者使用；
- **中国话题**：话题从中国人的衣食住行、传统风俗与现代生活的交替到中国当代的语言、文化、经济等，从不同角度客观展现了中国的社会面貌；
- **文章简短**：篇幅短小，语言浅显，内容风趣，体裁多样，可充分调动学习者的阅读兴趣；
- **有声阅读**：每册均有配套 CD 或 MP3，学习者可边听边读，通过听、读两种方式欣赏地道的中文。

《中文天天读》包含如下产品：

1 级	1A 爱上中国	1B 小马过河	500 词汇
2 级	2A 奇妙的中文	2B 自行车王国	1000 词汇
3 级	3A 八月八日，我们结婚	3B 好一朵茉莉花	2000 词汇
4 级	4A 北京欢迎你	4B 种下一棵爱情树	3500 词汇
5 级	5A 熊猫外交	5B 中国的"春运潮"	5000 词汇

联系方式：
Tel: 86-10-88819973　　E-mail: chinese@fltrp.com